KB200610

성경적 남녀 관계와 여성 리더십

그리스도가 구속한 여성

그리스도가 구속한 여성

지은이 • 김세윤
초판 발행 • 2016. 3. 14

등록번호 • 제1988-000080호
등록된 곳 • 서울특별시 용산구 서빙고로65길 38
발행처 • 사단법인 두란노서원
영업부 • 2078-3352   FAX 080-749-3705
출판부 • 2078-3331

책 값은 뒤표지에 있습니다.
ISBN 978-89-531-2527-8 03230

편집부에서 독자의 의견을 기다립니다.
tpress@duranno.com   http://www.duranno.com

두란노서원은 바울 사도가 3차 전도 여행 때 에베소에서 성령 받은 제자들을 따로 세워 하나님의 말씀으로 양육하던 장소입니다. 사도행전 19장 8-20절의 정신에 따라 첫째 목회자를 돕는 사역과 평신도를 훈련시키는 사역, 둘째 세계선교(TIM)와 문서선교(단행본 · 잡지) 사역, 셋째 예수문화 및 경배와 찬양 사역, 그리고 가정 · 상담 사역 등을 감당하고 있습니다. 1980년 12월 22일에 창립된 두란노서원은 주님 오실 때까지 이 사역들을 계속할 것입니다.

그리스도가
구속한 여성

◇　◆

성경적 남녀 관계와 여성 리더십

김세윤 지음

두란노

contents

이 책이 《하나님이 만드신 여성》이라는 좀 부적절
한 제목을 달고 처음 출판된 지 벌써 근 12년이 흘렀다.
두란노서원의 동역자들이 이 책의 메시지가 아직도 한
국 교회와 성도들에게 필요하다 하여 여기 약간의 수정
과 보완을 거쳐 새 이름으로 거듭나게 되었다.

그동안 한국 교회 내에서, 그리고 성도들의 가정생
활에서 여성의 지위가 다소 높아졌다고 한다. 그리하
여 여성 교역자들을 안수하는 교단들도 더 늘어난 모양
이다. 그러나 아직도 '보수' 교단들은 여전히 그것을 완
고히 거부하며, 성도들의 가정생활에서도 가부장적 '질
서'를 강조하는 가르침을 하고 있다고 한다. 한국 사회
와 문화는 대체로 남녀평등의 원칙을 귀하게 여기는 방

향으로 발전하는데, 역설적으로 많은 한국 교회들이나 기독교 가정들이 일반 사회나 문화보다 뒤처지는 모양이다. 실제로 여성 목사를 안수하는 교단들에서도 대부분 여성 목사들은 일반 사회 직장들에서보다 더 심한 차별대우를 받는다고 한다.

그러기에 이 작은 책자가 계속 한국 성도들의 가정생활을 좀 더 성경의 가르침에 합당하게 하고 한국 교회를 주 예수 그리스도의 뜻에 더욱 합당하게 하는 데 계속 쓰임 받으면 감사하겠다.

2016년 03월
김세윤

한국 교회여, 언제까지
남녀 차별로 주를 거스르려는가?

이 글은 2001년 10월 1일 미국 LA 인근 패서디나(Pasadena)에 소재한 풀러신학교 한인 목회학 박사원이 그곳의 한인 학생들과 LA 지역 성도들을 대상으로 주최한 "건강한 한인 가정을 세우기 위한 세미나"에서 저자가 한 특강을 녹취하였다가 글로 옮겨 교정 보완한 것이다. 이 보완한 내용은 2004년 7월 5일 서울의 강남교회에서 열린 총신대학교 신대원 여동문회 주최의 강연회에서 저자가 한 강연이기도 하다.

두란노서원의 친구들이 현재 한국의 보수 교회들이 남녀 관계와 여성의 교회 내 역할에 대해서 상당한 관심을 갖고 논쟁도 벌이고 있다며, 본고를 출판하는 것이 한국 교회에 도움이 될 것이라 하여 이렇게 출판하게 되었다. 출판을 위하여 여기저기 보완하였지만 강연 당시 사용한 원래의 구어체를 그대로 살렸다.

　저자는 한국의 보수 교회들이 성경과 역사적 기독교 신앙을 보수하려는 의지를 존경한다. 그러나 그들 중 다수는 성경을 깊이 연구하기를 거부하고 화석화된 신학에 안주하는 경향이 강하다. 그리하여 그들은 자신들이 배격하는 자유주의 못지않게 우리 주 예수 그리스도의 복음을 왜곡하는 면들을 가지고 있다. 남녀 관계와 여성의 리더십에 대한 성경적 가르침을 왜곡하여 여성을 억누르는 것도 그 단면이다.

　이 땅에 여성해방을 가져왔던 교회가, 이제 여성 리더십이 제법 받아들여지는 사회에서 도리어 여성을 계속 굴종시키려 안간힘을 씀으로써 유교 도덕의 마지막 보루가 되어 버린 것은 정말 쓰라린 역설이다. 그들을 생각할 때마다, 그리스도의 복음을 거부하고 구약의 율법에 매달리던 유대인들에 대해서 사도 바울이 한 말을 떠올리곤 한다.

"내가 증언하노니 그들이 하나님께 열심이 있으나 올바른 지식을 따른 것이 아니니라"(롬 10:2).

이 작은 책자가 한국의 보수 교회들을 자극하여 그들이 남녀 관계에 있어, 그리고 그것을 넘어 신학과 삶 전체에 있어, 보다 더 성경적이 되는 데 작은 공헌이라도 하기를 바란다. 그리하여 그들이 건전한 가정들과 교회들을 세우고, 그리스도의 복음을 보다 온전히 선포하며, 그 복음이 가져오는 구원을 보다 더 온전히 실재화하는 교회들이 되기를 빈다.

　필자는 지난 7월 5일 강남교회에서 열린 강연회를 주최한 총신대학교 신대원 여동문회 임원들의 눈물 어린 호소를 잊지 못할 것이다. 그들은 필자에게 필자가 만난 많은 한국 교회의 여전도사님들 그리고 선교지의 여선교사님들, 많은 경우 따뜻한 가정의 위안도 없이 일방적인 굴종과 희생을 강요당하는 가운데서도 주를 위해, 주의 교회를 위해 헌신하는 그들을 상기시켜 더욱 마음이 아팠다.

　한국 교회여, 언제까지 남녀 차별로 이들을 울리려는가? 그들에게, 그리고 당신들에게 그리스도의 '복음'은 무엇인가?

2004년 7월

김세윤

part 1

구약이 말하는 여성

여성,
하나님의 형상을 따라
지음받은 존재

"하나님이 이르시되 우리의 형상을 따라 우리의 모양대로 우리가 사람을 만들고 그들로 바다의 물고기와 하늘의 새와 가축과 온 땅과 땅에 기는 모든 것을 다스리게 하자 하시고 하나님이 자기 형상 곧 하나님의 형상대로 사람을 창조하시되 남자와 여자를 창조하시고 하나님이 그들에게 복을 주시며 하나님이 그들에게 이르시되 생육하고 번성하여 땅에 충만하라, 땅을 정복하라, 바다의 물고기와 하늘의 새와

땅에 움직이는 모든 생물을 다스리라 하시니
라 하나님이 이르시되 내가 온 지면의 씨 맺는
모든 채소와 씨 가진 열매 맺는 모든 나무를
너희에게 주노니 너희의 먹을 거리가 되리라
또 땅의 모든 짐승과 하늘의 모든 새와 생명이
있어 땅에 기는 모든 것에게는 내가 모든 푸른
풀을 먹을 거리로 주노라 하시니 그대로 되니
라 하나님이 지으신 그 모든 것을 보시니 보시
기에 심히 좋았더라 저녁이 되고 아침이 되니
이는 여섯째 날이니라"(창 1:26-31).

구약성경과 신약성경 모두 남녀의 동등을 가르치는
구절들도 있고, 여성의 남성에 대한 열등과 종속을 가
르치는 구절들도 있습니다. 우선, 구약성경의 경우 대
표적으로 창세기 1장 26-31절까지의 창조 기사에 남녀
의 동등성이 잘 나타납니다. 그 구절은 하나님께서 인
간을 자신의 형상대로 지으셨다고 천명하고 있는데, 그
냥 '인간'이라고만 하지 않고 남자와 여자라고 부연함
으로써 남자와 여자 공히 자신의 형상대로 지으셨음을

명백히 하고 있습니다.

이것은 굉장히 중요한 창조의 원리에 대한 천명입니다. 남자는 100% 하나님의 형상대로 지음받았고, 여자는 95%만 하나님의 형상대로 지음받았다는 의미가 아니라, 남자와 여자 모두 똑같이 온 우주의 절대적 존재인 하나님 그분의 형상으로 지음받았다는 말입니다.

여기서 '하나님의 형상을 따라'는 하나님과 비슷하다는 뜻을 내포합니다. 하나님의 모양을 따랐다는(in the likeness of God) 뜻입니다. 이보다 더 분명히 남녀의 동등성을 천명하는 구절은 없습니다. 하나님께서는 남자와 여자 공히 자신과 비슷하게 지으셨고, 그래서 공히 자신을 대표할 수 있는 권세를 주셨습니다.

먼저, '하나님의 형상'이라는 말에 대해 생각해 봅시다. 이 표현에는 다양한 뜻이 담겨 있어서 신학자들은 도대체 인간의 무엇이 '하나님의 형상'이냐에 관해 많은 토론을 벌여 왔습니다. 랍비 문서들을 보면 유대교의 랍비들도 이에 관한 토론을 많이 했습니다. 주후 2세기 이후 영지주의자들도 열심히 토론한 주제입니다. 그들은 모두 인간의 무엇이 '하나님의 형상'이냐고 물었습니다. '하나님의 형상'은 인간의 영혼을 두고 말하는가, 이성을 두고 말하는가, 양심을 두고 말하는가, 혹은 인간의 또 다른 면을 두고 말하는가?

최근에 와서 인기 있는 해석은 칼 바르트가 강조한 것으로서, '하나님의 형상'은 인간이 하나님과 관계할 수 있는 존재라는 점을 말한다고 봅니다. 하나님과 관계할 수 있는 존재로서의 인간을 '하나님의 형상'이라고 한다는 것입니다.

그런데 '하나님의 형상'에는 그런 다양한 뜻들도 내포되어 있겠지만, 성경신학자들이 최근에 분명히 밝히는 바와 같이, 가장 기본적 의미는 인간이 하나님과 비슷한 존재로서 하나님의 대표자 혹은 대리자로 세워졌다는 것입니다. 하나님께서 하늘과 땅을 지으셨습니다. 그래서 하나님은 하늘과 땅의 주인입니다. 하늘에 거처하시는 하나님은 땅 위에 인간을 자기 대리자로 세워 자신을 대신해서 땅을 통치하도록 하셨는데, 이것을 두고 하나님께서 인간을 자기 형상대로 지으셨다고 말한다는 것입니다. 그래서 인간은 '하나님의 형상'으로서 땅에서 하나님의 통치권을 대행하는 것입니다.

그러므로 '하나님의 형상'에 담긴 가장 기본 의미는 바로 하나님의 부왕(副王) 노릇 한다는 것입니다. 그런데 남자에게만 하나님의 부왕 노릇하라고 한 게 아니고 남녀 모두에게 똑같이 그렇게 하라고 한 것입니다. 그렇다면 이보다 더 명백히 인간의 남녀 동등성을 천명하는 신학적 언명은 없는 셈입니다.

그럼에도 불구하고 구약은 전반적으로 남자의 우월성과 주권을 천명하고, 여자들은 남자보다 열등하고 남자에 종속된 존재로 설정하는 경향이 강합니다. 그것은 타락의 질서에서부터 분명히 나타나는데, 하나님께서 타락한 아담과 하와를 저주하시되 하와에게는 "너는 남편을 원하고 남편은 너를 다스릴 것이니라"(창 3:16)고 하신 데 잘 드러납니다.

이에 관해 어떤 사람들은 원래 하나님의 창조의 뜻은 남녀 동등한 것이었지만, 인간과 세상이 타락했기 때문에 그 타락의 구조 속에서는 남녀가 차등하고 불평등이 생겨 한쪽이 더 큰 물리적 힘으로 지배를 하고, 다른 한쪽은 물리적으로 약하기 때문에 종속당하고 지배를 받게 되었다고 생각합니다.

하나님께서는 남자와 여자 공히
자신과 비슷하게 지으셨고,
그래서 공히 자신을 대표할 수 있는 권세를 주셨습니다.

여성,
'돕는 배필'

"여호와 하나님이 이르시되 사람이 혼자 사는 것이 좋지 아니하니 내가 그를 위하여 돕는 배필을 지으리라 하시니라 여호와 하나님이 흙으로 각종 들짐승과 공중의 각종 새를 지으시고 아담이 무엇이라고 부르나 보시려고 그것들을 그에게로 이끌어 가시니 아담이 각 생물을 부르는 것이 곧 그 이름이 되었더라 아담이 모든 가축과 공중의 새와 들의 모든 짐승에게 이름을 주니라 아담이 돕는 배필이 없으므로 여호와 하나님이 아담을 깊이 잠들게 하시니 잠들매 그가 그 갈빗대 하나를 취하고 살로 대신 채우시고 여호와 하나님이 아담에게서 취하신 그 갈빗대로 여자를 만드시고 그를 아담에게로 이끌어 오시니 아담이 이르되 이는 내 뼈 중의 뼈요 살 중의 살이라 이것을 남자에게서 취하였은즉 여자라 부르리라 하니라 이러므로 남자가 부모를 떠나 그의 아내와 합하여 둘이 한몸을 이룰지로다 아담과 그의 아내 두 사람이 벌거벗었으나 부끄러워하지 아니하니라"(창 2:18-25).

한편 또 하나의 창조 기사인 창세기 2장 18-25절은 창세기 1장 26-31절과는 달리 하나님께서 여자를 아담의 갈비뼈로 창조했다고 하는데, 이렇게 아담에게서 여자가 나왔으니까, 아담의 몸의 일부니까 여자가 아담(남자)에게 종속되는 것이라고 보는 사람들이 있습니다. 벌써 창조 기사에서부터, 즉 타락 이전부터 남자에 대한 여성의 종속을 가리키는 것이 아니겠느냐고 해석하는 것입니다.

　그런 사람들은 또 하나님께서 하와를 창조하시되 아담의 돕는 배필, 즉 반려자로 만들었으니, 아담이 주가 되고 여자는 아담을 돕는 부속적인 존재가 아니냐고 해석합니다.

　그러나 사실 이런 해석들은 다 거꾸로도 해석이 가능합니다. 일반적으로 뭐든지 앞선 것이 우선하지만, 그 반대도 성립되기 때문입니다. 즉 성경적인 관점에서 보면 뒤에 오는 것이 더 완성된 것이라는 개념도 있습니다. 창조 기사는 어떻습니까? 창조 기사에는 인간이 맨 나중에 창조됩니다. 그래서 모든 피조물들 가운데 인간이 제일 우월합니다. 이런 관점에서 보면 여자가 남자보다 나중에 지음받았으니까 여자가 남자보다 더 우월하다고 해석할 수 있습니다.

　그래서 여성의 몸이 남성보다 더 복잡하고 정교한지도 모릅니다. 이리하여 창세기 2장 18-25절을 근거로 남녀의 우월성 비교를 토론하기는 어렵습니다.

　더군다나 '돕는 배필'이라는 말은 열등하다는 뜻을 나타내지 않습니다. 왜냐하면 여기 '배필'이라 번역된 히브리어 네게드(neged)는 그냥 '상대자'를 뜻하고, '돕는'이라 번역된 히브리어 에제르(ezer)는 '도움'(주는 자)라는 뜻을 가졌는데, 구약성경에는 하나님이 이스라엘의 에제르, 즉 '도움'(주시는 분)이라는 문구가 가끔 나오기 때문입니다(예: 출 18:4; 신 33:7; 시 20:2). 그러므로 여기 창세기 2장 18절과 20절의 '돕는 배필'이 여자/아내의 남자/남편에 대한 열등성을 함축한다고 주장하려면 하나님이 이스라엘보다 열등하다고 주장해야 할 판인데, 이것은 말도 안 되는 것 아닙니까?

결론적으로 남녀 관계는 단어나 표현 몇 개를 피상적으로 또는 잘못 이해하여 논의할 것이 아님을 알 수 있습니다. 창세기 2장 18-25절을 제대로 해석하면, 우리는 남녀가 동질(같은 뼈와 살)의 존재들이고, 동등한 (또는 서로 딱 맞는) 두 짝(배우자)들로서 더불어 하나를 이루고 서로 도우며 살도록 창조된 존재들임을 알게 됩니다.

여성,
타락 이후 변화된 지위

"또 여자에게 이르시되 내가 네게 임신하는
고통을 크게 더하리니 네가 수고하고 자식을
낳을 것이며 너는 남편을 원하고 남편은 너를
다스릴 것이니라 하시고"(창 3:16).

그러나 적어도 창세기 3장 16절부터는 타락의 질서
속에서 이스라엘 역사의 남성 우월적이고 여성 종속적
인 면모가 구약에 잘 드러나고 있습니다. 이스라엘 성
전 체제에 여성 참여가 극히 제한되고, 아내는 남편의

재산에 속하는 것으로 법에 규정되기도 합니다. 그래서 일부다처주의가 행해지고, 가부장적 가족제도가 이루어지고, 아내는 남편을 '나의 주'라고 부르게 되었습니다. 또한 구약 곳곳에 여성들을 비하하는 문구들도 많이 있습니다.

그래서 구약성경에는 남녀 동등을 천명하는 창세기 1장의 위대한 창조 기사도 있지만, 반면 여성의 비하와 종속성을 담고 있는 구절들이 더 많습니다. 그건 부인할 수 없는 사실입니다.

part 2

예수님이 말하는 여성

예수,
새 창조의 질서를 세우다

"너희는 유대인이나 헬라인이나 종이나 자유
인이나 남자나 여자나 다 그리스도 예수 안에
서 하나이니라"(갈 3:28).

참 복된 사실은 우리가 구약시대에 살지 않는다는
것입니다. 즉 우리에게 그리스도의 종말의 구원이 일어
난 것입니다. 신약성경은 여러 범주들로 그 구원을 해
석하는데 그중 하나가 '새 창조'입니다.

그리스도 안에서 새 창조가 일어났다는 것입니다.

그리스도 안에서 새 창조는 옛 창조의 약점을 극복하고, 더더구나 타락한 질서의 모든 죄악과 단점들과 고난들을 극복한 것입니다.

사도 바울은 새 창조의 질서에 대해 갈라디아서 3장 28절에서 위대한 천명을 합니다. 그리스도의 새 창조의 질서에서는 "유대인도 없고 헬라인도 없고 남자도 없고 여자도 없고 상전도 없고 노예도 없다, 다 하나다"라는 것입니다.

이것은 앞서 이야기한 창세기 1장 26-28절과 쌍벽을 이루는 말씀으로, 첫 창조에서 하나님께서 남녀를 공히 하나님의 형상으로 지으시고 이 땅에 하나님의 대리자들로 세워 자신의 통치권을 대행하게 하셨듯이, 그리스도 안에서 새 창조를 통해 타락으로 왜곡된 인간관계를 바로잡아 옛 세상의 대표적인 구분들, 인종적 구분, 성적 구분, 신분적 구분을 극복하게 하셨다는 것입니다.

여기에서 바울은 로마서 1장 16절을 통해 대비된 유대인과 헬라인까지 포함시켜 인종적 구분이 소용없음을 말합니다. 타락한 질서의 잘못된 구분을 뛰어넘어

인종과 상관없이 사람은 모두 인권을 가지고 있고, 그리스도의 사랑의 대상이자 구원의 대상이며, 누구나 믿음으로 하나님의 자녀가 되어 함께 하나님의 축복을 누린다는 것입니다.

또 다른 옛 창조의 전형적인 구분들인 남녀 차별도, 사회 신분적 구분인 노예와 상전의 구분도 없어졌습니다. 그리스도 안에 있는 새 창조에서는 옛 창조 질서 속에서 불의와 불평등과 갈등과 압제와 착취와 굴종 등을 가져오는 인종적 구분, 성적 구분, 사회 신분적 구분이 다 없어졌다는 것입니다. 이게 그리스도의 복음입니다.

그러니 우리 앞에는 성경의 신구약에 등장한 남녀의 동등성에 대한 위대한 두 가지 천명들이 있습니다. 첫 창조의 위대한 천명이 있고(창 1장), 새 창조의 위대한 천명이 있습니다(갈 3:28). 이 사실이 그리스도인들의 남녀 관계 이해에 있어 원칙이요 열쇠로 작용해야 하지 않겠습니까?

그래서 신약성경은 그리스도로 말미암은 새 창조의 질서가 나타나는 곳들에서 하나님의 원래의 창조에 반하여 여자를 굴종시키는 옛 세상의 왜곡이 어떻게 바로

잡아지는지 잘 보여 줍니다.

예컨대 신약성경은, 첫째, 남녀가 공히 그리스도의 구원의 덕을 입는다고 말합니다. 남녀가 함께 그리스도의 구원에 동참하며 함께 그리스도 안에서 하나님의 자녀가 되는 것입니다.

둘째, 종말의 구원의 첫 열매요 보증인 성령이 남자에게만 임하는 게 아니라 남녀에게 공히 임했습니다. 사도행전 2장은 남녀가 공히 성령의 강림을 체험했음을 강조합니다. 남자와 여자가 함께 기도하는 중에 성령이 임한 것입니다. 그리스도 안에서는 구원, 성령의 임함도 남녀를 차별하지 않습니다. 성령 은사란 남자에게는 100만큼 주어지고 여자에게는 99만 주어지는 것이 아닙니다.

엄격하게 남녀를 구분하고 여자를 종속시키던 당시 사회적 정황 속에서는 생각조차 할 수 없는 것이었지만, 복음은 이렇게 하나님 앞에서 인간 본래의 모습을 회복시켜 드러내기 시작했습니다. 그리하여 초대교회에서 여자들이 교회의 삶에 남자들과 어깨를 나란히 하고 참여할 뿐 아니라 리더십을 행사하기도 한 것입니다.

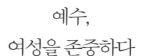

예수,
여성을 존중하다

남녀의 동등성은 그리스도의 죽음과 부활이라는 종말론적 구원의 사건이 일어나고서 비로소 시작된 것이 아닙니다. 이미 예수님의 가르침에서부터 시작되었습니다. 예수님의 가르침과 행태에서부터 이 놀라운 남녀의 동등성, 달리 말하면 여성해방의 가르침이 나타납니다. 당시의 사회적 배경을 조금이라도 안다면 이런 예수님의 가르침이 얼마나 혁명적인지 금방 깨달을 수 있습니다.

이미 기독교 문명의 혜택으로 여자가 상당히 해방

되어 남녀가 어느 정도 동등해진 문화권에 사는 지금의 우리로서는 예수님과 바울의 가르침이 얼마나 혁명적이었는지 그다지 충격적이지 않을 것입니다.

하지만 예수님 당시의 배경을 안다면, 아니 100년 전의 우리 한국의 모습을 안다면, 이 기독교 복음이 노예해방과 여성해방에 얼마나 혁명적인 메시지인지 확인할 수 있을 것입니다. 따라서 우리는 예수님 당시 유대교 및 헬라 이방세계에서 여자들의 위치가 어떤 것이었는지 알 필요가 있습니다.

일단 유대 사회에서 여자들은 인격체로 취급되지 않았습니다. 가장 상징적인 증거가 신명기 법에 의하면 여성은 법적으로 증인이 될 수 없다는 것입니다. 독립된 인격체로 인정이 안 되었기 때문입니다. 또 남자는 쉽게 이혼할 수가 있었지만, 여자는 그렇지 않았습니다.

예수 당시에 유대교의 큰 두 랍비학파들이 있었는데, 하나는 보수적인 샴마이(Shammai) 학파이고 다른 하나는 자유주의적인 힐렐(Hillel) 학파였습니다. 샴마이의 가르침은 말할 것도 없고, 자유주의적이라는 힐렐의 가르침도 여성을 심각히 차별했습니다.

즉 힐렐은 신명기 24장 1절에 남편이 아내와 이혼할 수 있는 사유로 제시된 아내의 '수치스런 일'을 정말로 자유주의적으로 너그럽게 해석하여, 남편은 사실상 아무 때나 마음에 안 드는 아내를 버릴 수 있게 했습니다. 힐렐에 따르면, 남편은 자기 눈에 아내가 이미 늙어 아름답지 못하거나, 빵을 굽다가 좀 태웠거나, 죽을 끓이는 데 냄새 나게 하는 경우에도 아내와 이혼할 수 있었습니다.

이런 것을 배경으로 예수의 이혼 금지에 대한 가르침을 읽어야 합니다. 당시 여성이 이혼을 당하면 생존이 어렵게 되는 가부장적 사회의 상황 속에서, 예수님의 가르침은 단지 이혼이 옳지 않다는 것만 뜻하는 것이 아니라, 여성의 권익을 보호하는 뜻도 가지고 있었습니다.

뿐만 아니라 유대교에서는 여자들에게 율법을 가르치면 안 되는 것이었습니다. 랍비 엘리에셀 같은 사람은 토라(율법)를 여성들에게 가르치기보다는 차라리 토라를 불태워 버리라고도 했고, 자기 딸에게 토라를 가르치면 창녀가 되라고 가르치는 셈이라고도 했습니다.

그래서 어떤 랍비는 아침에 일어나서 세 가지를 하나님께 감사하라고 했는데, 하나님이 자신을 이방인으로 창조하지도 않고, 노예로 창조하지도 않고, 여자로 창조하지도 않은 것에 대해 감사하라고까지 했습니다 갈라디아서 3장 28절과 정반대가 아닌가.

예수,
여성을 복음의 첫 선포자로 세우다!

예수께서는 남녀 관계가 어떠해야 한다고 구체적으로 가르치지는 않았습니다. 그러나 예수께서 남녀를 대등하게 대하신 것을 알 수 있습니다. 즉 많은 여성에게도 토라를 가르치셨습니다. 하나님 나라의 복음을 가르치며, 그 복음을 구약 율법에 의거해 증거했으므로 여자들에게 토라를 가르친 것입니다.

예수로부터 특별히 가르침을 받은 여자들 가운데 대표적으로 마리아가 있습니다(눅 10:38-42). 예수께서는 그의 가르침을 사모하는 마리아를 칭찬하여 모범으로 내세우시기까지 하지 않았습니까? 이건 당시로서는 완전히 혁명적인 일입니다.

또 부활하신 예수께서 누구에게 나타나시고 누구를 첫 증인으로 세우셨습니까? 막달라 마리아입니다. 헹엘(M. Hengel) 교수에 따르면, 이 막달라 마리아에 관한 기사는 아주 중요한데, 왜냐하면 신명기 법에 의하면 여자는 증인으로 설 수가 없기 때문입니다.

그런데 부활하신 예수 그리스도께서는 마리아에게 나타나셔서 신명기 법을 무시하고 그를 첫 증인으로 삼으셨습니다. 그리고 신약 복음서들은 그것을 전혀 감추려 하지 않았으며, 예수 부활에 대해 얼마나 큰 자신감이 있었던지, 초대교회는 그 자료를 삭제하지 않고 그대로 전승했습니다.

당시 유대 사회에서 배움이 없고 미신 따르기를 좋아한다고 비하되던 여자들을 예수 부활의 증인으로 내세운다면, 그건 분명 역효과가 나는 일이 아니겠습니까. 그럼에도 불구하고 복음서들은 당시의 문화에 아랑곳하지 않고 예수께서 마리아를 첫 증인으로 세우셨을 뿐 아니라, 제자들의 우두머리인 베드로조차 마리아의 첫 선포를 듣고 예수의 부활을 증거하게 되었다고 기록하고 있습니다(마 28:1-10; 요 20:10-18). 초대교회는 이 자료들을 감추려 하지 않고 고스란히 전승함으로써, 그리스도의 뜻을 잘 받들어 따른 것입니다.

누가에 따르면 사도들에게 예수 그리스도의 부활의 기쁜 소식을 전한 사람들은 막달라 마리아와 요안나, 야고보의 모친 마리아입니다(눅 24:1-12). 예수 그리스도는 여자들을 복음의 첫 선포자들로 삼으신 것입니다. 여성을 극도로 차별했던 유대교 출신이면서도 첫 그리스도인들은, 예수 그리스도의 부활의 복음이 여자들에 의해서 선포되었다고 해서, 그것을 불법이요 무효라고 생각하지 않았습니다. 그래서 그들은 복음서들에 그 사실을 당당하게 기록해 놓은 것입니다.

이런 엄청난 사실이 복음서들에 엄연히 기록되어 있는데도 여자가 교회에서 설교하는 것은 성경적이 아니라고 주장하는 자칭 '보수주의자들'이 한국 교회의 다수를 이루고 교권을 휘두르고 있습니다. 그들이 '보수'하려고 하는 성경에 의하면, 여자들이 주 예수 그리스도가 부활하신 복음의 첫 설교자들이었습니다.

이 사실을 깨달아야 합니다. 오래된 비성경적 선입
관으로 이 사실을 받아들일 수 없다면, 그들은 스스로
에게 물어보아야 합니다.

자신의 태도와 주장으로 오히려 주 예수 그리스도
의 뜻을 거역하고, 성경에 어긋나는 죄를 짓고 있지 않
은가?

자신의 주장으로 여자들에 의해서 처음 선포된 주
예수 그리스도의 부활의 복음을 불법이요 무효로 만들
고 있지 않은가?

아니면 적어도 그것을 기록하고 있는 신약의 복음
서들을 불법이요 무효로 판정하고 있지 않은가?

자신의 주장이 이렇게 심각한 함축 의미를 담고 있
다는 사실을 알기는 하는가?

성경의 진리를 보수하는 것은 아주 중요한 일입니
다. 그러나 많은 보수주의자들이 보수하려는 것이 성경
의 진리가 아니라 오히려 성경의 진리에 위배되는 자신
들의 선입관이나 편견이기에, 그들의 주장은 설득력을
잃고 도리어 선교에 있어 역효과를 초래하는 예들이 얼
마나 많이 있는지 모릅니다.

예수,
여성을 위해 이혼을 반대하다

　　이혼을 금하는 예수의 가르침에는 당시 이혼당하면 의지할 곳 없어지는 여자를 보호하려는 의도가 크게 작용하고 있음을 이미 지적했습니다. 여기에는 일부일처제를 확립하여 여자를 보호하려는 뜻도 함축되어 있습니다. 즉 구약의 족장들에게서 흔히 나타나고 당시 일부 유대법도 허락하였던 '다처제'를 예수께서는 인정하지 않으심이 잘 나타납니다.

　　예수께서는 이혼을 금지하는 가르침의 근거로, 하나님께서 남자와 여자를 창조하셨고 한 여자와 한 남자를 연합시켜 한몸 되게 하셨음을 들고 있습니다.

> "창조 때로부터 사람을 남자와 여자로 지으
> 셨으니 이러므로 사람이 그 부모를 떠나서 그
> 둘이 한몸이 될지니라 이러한즉 이제 둘이 아
> 니요 한몸이니 그러므로 하나님이 짝지어 주
> 신 것을 사람이 나누지 못할지니라 하시더
> 라"(막 10:6-9).

즉 창세기의 창조 기사로 돌아가서 하나님의 "한몸"
만들어 주심에 의거하여 이혼을 막고, 동시에 '일부일
처제'를 창조의 원리로 삼음으로써 '일부다처제'가 가
져오는 여성의 종속과 여성의 재산화, 남편의 소유물로
변질되는 것을 막고 있는 것입니다.

이혼과 관련된 예수의 말씀들에는 예수께서 남녀를
동등하게 취급하셨음도 잘 함축되어 있습니다.

> "이르시되 누구든지 그 아내를 버리고 다른
> 데에 장가 드는 자는 본처에게 간음을 행함이

요 또 아내가 남편을 버리고 다른 데로 시집 가면 간음을 행함이니라"(막 10:11-12).

"예수께서 이르시되 모세가 너희 마음의 완악함 때문에 아내 버림을 허락하였거니와 본래는 그렇지 아니하니라 내가 너희에게 말하노니 누구든지 음행한 이유 외에 아내를 버리고 다른 데 장가 드는 자는 간음함이니라"(마 19:8-9).

"또 일렀으되 누구든지 아내를 버리려거든 이혼 증서를 줄 것이라 하였으나 나는 너희에게 이르노니 누구든지 음행한 이유 없이 아내를 버리면 이는 그로 간음하게 함이요 또 누구든지 버림 받은 여자에게 장가드는 자도 간음함이니라"(마 5:31-32).

"무릇 자기 아내를 버리고 다른 데 장가 드는 자도 간음함이요 무릇 버림당한 여자에게 장가드는 자도 간음함이니라"(눅 16:18).

이 본문들을 자세히 분석해서 예수의 진짜 말씀을 재구성하는 것은 상당히 복잡하고 논란이 많은 과정입니다. 여기서 그런 것을 시도할 수는 없습니다. 다만 마가복음을 보면 예수께서 남녀를 완전히 동등하게 취급하여, 남편도 아내를 버리지 말고 아내도 남편을 버리지 말라고 하셨고, 바울 역시 고린도전서 7장 10-11절에서 비슷한 말씀을 인용하여, 완전한 상호주의로 남편도 아내와 이혼하지 말고, 아내도 남편과 이혼하지 말라고 합니다.

> "결혼한 자들에게 내가 명하노니 (명하는 자는 내가 아니요 주시라) 여자는 남편에게서 갈라서지 말고 (만일 갈라섰으면 그대로 지내든지 다시 그 남편과 화합하든지 하라) 남편도 아내를 버리지 말라"(고전 7:10-11).

그런데 앞서 본대로 당시 유대 사회에서 아내는 남편에게 이혼을 요구할 권리가 없었고, 로마법에만 그런 권리가 있었습니다. 그래서 어떤 학자들은, 예수께서 유대공동체에 말씀하시면서 아내가 남편을 버리는 법이 있지도 않은데 이런 말을 하셨겠느냐, 마가가 로마에서 복음서를 쓰면서 남편더러 아내와 이혼하지 말라는 예수의 의도 속에는 아내가 남편과 이혼하지 않는 것도 포함된다고 말하기 위해서 예수의 원래 말씀을 확대한 것이 아니겠느냐 등등의 이의를 제기합니다. 이런 것들을 다 말하자면 끝이 없습니다.

설령 마태와 누가를 좇아 예수께서 이렇게만 말씀하셨다고 합시다.

"누구든지 그 아내를 내어버리고 다른 데 장가들면 간음함이라."

이것 자체가 사실은 남녀의 동등성을 그 속에 내포하고 있습니다. 위에 언급한 대로 유대 사회에서는 남편이 아내를 상당히 자유롭게 버리고 재혼할 수가 있었기 때문에, 자기 본처를 버리고 다른 여자를 취한다고 해서 간음이 성립되지 않습니다.

그런데도 본처를 버리고 다른 여자에게 장가들면 본처에 대해서 간음한 것이라고 말한 데는, 결혼은 하나님께서 창조의 원리로 남편과 아내를 동등한 상황 속에서 짝지어 준 것이므로, 남편이 아내를 성적으로 소유하듯이 똑같이 아내도 남편을 성적으로 소유한다는 전제가 들어 있습니다. 즉 아내를 버리면 아내의 남편에 대한 성적 소유를 박탈하는 것이 되므로, 또 다른 여자를 취하면 간음이라는 것입니다.

바울은 이것을 고린도전서 7장 2-6절에서 고스란히 계승하고 있습니다. 남편도 아내의 성적 요구를 거절하면 안 되고, 아내도 남편의 성적 요구를 거절하면 안 된다, 남편의 몸의 주인은 자신이 아니고 아내이며, 아내의 몸의 주인은 자신이 아니고 남편이다, 그러므로 남편은 그 아내에 대해서 성적인 의무를 다하고 아내도 그 남편에게 그렇게 해야 한다는 것입니다.

남녀가 결혼하면 남녀가 공히 상대방을 성적으로 소유하는 것입니다. 그것도 아주 배타적인 관계 속에서 그렇습니다. 그렇기 때문에 아내를 버리고 다른 여자를 취하면 아내의 성적 주권을 침범하는 것이고 간음하는 것입니다. 이것이 예수님의 말씀에 전제되어 있는 내용입니다. 예수님의 "간음함이니라"는 말씀 속에는 여성의 권리에 대한 동등한 인정이 들어 있음에 유의해야 합니다.

이렇게 예수께서는 여성을 심하게 차별한 모세의 율법(구약)과 유대교의 관행을 배격하고, 하나님 나라의 복음 선포와 구속의 사역에서 여성을 남성과 동등하게 대했을 뿐만 아니라, 결혼과 이혼의 가르침에서도 남녀를 동등하게 인정하시고, 당시 짓밟힌 여성의 권리를 옹호하셨습니다.

"이르시되 누구든지 그 아내를 버리고
다른 데에 장가 드는 자는 본처에게 간음을 행함이요
또 아내가 남편을 버리고 다른 데로 시집 가면 간음을 행함이니라"
(막 10:11-12).

예수,
'열둘' 속에 여자를 넣지 않다

　그럼 왜 예수께서는 그의 가장 가까운 동역자 열두 제자들에 여자를 하나도 끼워 주지 않으셨을까? 남자 제자들은 결국 다 도망치고, 여자 제자들만 더 신실히 그를 따라 십자가까지 따라갔는데, 왜 여자들은 열두 제자 중 하나로 뽑아 세우시지 않았을까?

　이것은 예수님의 문화적 상황에 대한 양보라고 할 수 있습니다. '열둘'을 세운 것은 종말에 창조되는 새 하나님의 백성을 상징하는 것입니다. 즉 옛 하나님의 백성 이스라엘의 12족장들에 상응하는 것으로서 새 언약에 의한 하나님의 새 백성의 12기둥을 상징하는 것입니다.

당시 유대교의 상황에서 예수께서 그 상징적 '열둘'을 단 한 명이라도 여자로 채웠다면 그의 하나님 나라 복음은 얼마나 큰 비판과 저항을 받았겠습니까? 그렇게 해서 하나님 나라의 복음이 효과적으로 선포될 수 있었겠습니까? 그래서 예수께서 아무리 혁명적으로 공히 남녀를 대우하고 싶어도 여자들을 그 상징적 '열둘'에는 끼워 넣지 않은 것입니다.

여기서 유의해야 할 것은 예수의 하나님 나라 선포에 있어서는 남녀 관계를 바로잡는 것도 중요했지만 그것이 가장 중요한 것은 아니었다는 사실입니다. 보다 본질적인 구원이 가장 중요한 것이고, 그 본질적인 메시지가 신뢰를 얻고 설득력을 얻도록 하기 위해서, 이런 문화적 양보를 하지 않을 수 없었다는 것입니다.

예수께서 '열둘' 중에 여자를 하나도 끼워 넣지 않았다는 사실을 들어 교회에서 여성의 대표성이나 리더십을 부인하려는 사람들은, 이 사실 외에도 앞서 말한 바와 같이 예수께서 여자들을 첫 복음 선포자들로 세우신 뜻을 깊이 새겨야 할 것입니다.

예수께서 기본적으로 여성의 권리를 남성과 동등한 것으로 보고 그것을 옹호하시면서도 보다 크고 본질적인 하나님 나라의 메시지를 위해서 문화적 적응을 하셨다는 사실, 그의 본질적인 하나님 나라 운동이 성공하여 인간의 근본 문제와 함께 그 문제도 자연히 해결되기를 기대하셨다는 사실은, 오늘 우리에게도 시사하는 바가 큽니다.

오늘날 페미니스트들 중에는 온 세상에서 가장 중요한 문제가 여성 권리의 쟁취라고 생각하는 이들도 있는 것 같습니다. 그리하여 모든 문제를 그 관점에서만 보고 그것만 쟁취하려 매진하면서, 인간의 죄악성을 제거하는 보다 근본적이고 보편적인 문제를 해결함으로써 여성 차별의 문제도 해결하려는 지혜를 거부하고, 문화적 적응이라는 점진적인 개선책의 지혜도 거부합니다. 그리하여 완고한 반동주의자들의 역풍을 맞아 도리어 역효과를 내는 경우가 많습니다.

페미니스트들 가운데는 여성도 모든 면에서 남자와 똑같이 취급되어야 한다, 불이익을 주는 차별은 물론이

려니와 여성과 남성의 신체적 차이를 인정하는 데서 비롯된 단순한 구별도 안 된다고 주장하는 이들이 있습니다. 그래서 여성 소방대원들도 뽑아야 하고 여성 탄광 광부들도 고용해야 하며 여성 전투 요원들도 뽑아야 한다고 주장합니다.

실제로 미국에서는 남녀 차별금지법 때문에 여성 소방대원들도 뽑습니다. 얼마 전에 한 TV 프로그램에서 그 문제점을 지적하면서 보여 주는데, 소방대원들이 긴 사다리를 들고 불난 곳까지 달려가는 훈련 중에, 여자 대원들은 다 뛰지도 못하고 중간에서 넘어지고 말았습니다. 그런데도 꼭 그렇게 문자적으로 모든 직업에 남녀가 꼭 같이 참여해야 하는지 의문입니다.

이런 경우 여성의 신체적 약점을 인정하여 직업의 종류에 적절히 적응시키는 것이 도리어 여성의 권익을 보호하는 것이 아니겠습니까? 보통 여자를 약자라고 생각하는데, 여자가 모든 면에서 약한 것은 아닙니다. 여자가 남자보다 강한 영역들이 많습니다. 심지어 신체적 영역에서도 여자가 강할 때가 있습니다.

제가 영국에서 유학할 때 도서관에서 일한 적이 있

는데, 도서관에서 책 정리하는 일이 지겨워서 늘 라디오를 귀에 꽂고 일했습니다. 그런데 한번은 옥스퍼드 의과대학 교수가 남녀의 신체적 강인함에 대해서 강의하는 것을 듣게 되었습니다. 남녀 중 누가 더 강하냐? 짧은 시간에 집중해서 힘을 발휘하는 데는 남자가 훨씬 강하지만, 긴 시간을 두고 천천히 힘을 발휘하는 데는 여자가 더 강하답니다. 남녀의 상이한 세포 구조가 그런 현상을 낳는다는 것입니다.

그래서 마라톤이 43킬로미터가 아니고 430킬로미터이면 여자가 이긴답니다. 이런 면에서는 신체적으로도 여자가 강하다고 할 수 있습니다. 정서적으로는 또 어떻습니까? 특히 한국의 어머니들은 아버지들보다 훨씬 강하지 않습니까.

그러니 함부로 여자가 약하다고 할 수는 없지만, 단시간에 집중해서 힘을 폭발시키는 데는 대체로 여자가 남자보다 약한 것이 사실입니다. 물론 약골 남자와 여자 유도 선수 중에서 소방대원 하나를 뽑으라 하면 후자를 뽑아야 합니다. 그러나 남자 유도 선수가 여자 유도 선수보다 힘을 단숨에 폭발시키는 데는 대체로 더

강한 것도 사실입니다. 강한 힘의 순간적 폭발이 요구
되는 직업들에는 남자들을 쓰고, 여성의 섬세한 힘이
요구되는 직업들에는 여성을 쓰는 것이 오히려 여성을
보호하는 것이 아니겠습니까? 과격한 페미니스트들도
지혜가 필요합니다.

한편 반동주의자들은 이런 과격한 페미니스트들의
무모함을 들면서 여성의 권익을 짓밟는 문화적 전통을
고수하려 하는데 그것도 옳지 않습니다.

특히 우리가 지금 논의하고 있는 가정생활과 교회
생활의 영역에서, 남녀의 동등함을 부인하고 여성의 굴
종을 요구하는 것은 예수와 신약의 정신에 위배됩니다.
세상의 직업들 중에서도 강한 힘의 순간적 폭발이 요구
되는 몇 개의 직업들을 제외하고는 여성을 차별하는 것
은 옳지 않습니다. 그런 직업들을 수행함에 있어 창조
주께서 여성들에게 더 작은 능력을, 더 적은 은사를 주
신 것이 아니기 때문입니다.

part 3

바울이 말하는 여성

새 창조 질서의 원칙,
남녀의 동등성

　다른 면들에서와 마찬가지로 남녀 관계에 있어서도 사도 바울은 예수의 정신을 가장 잘 이어받은 사람입니다. 특히 갈라디아서 3장 28절은 바울이 예수의 정신을 가장 잘 집약해 낸 말씀입니다. 한글 개역개정 성경은 "너희는 유대인이나 헬라인이나 종이나 자유인이나 남자나 여자나 다 그리스도 예수 안에서 하나이니라"고 번역하고 있는데, 꼼꼼히 짚어 보면, "유대인도 없고 헬라인도 없으며, 종도 없고 자유자도 없으며, 남자도 없고 여자도 없다. 왜냐하면 너희 모두는 그리스도 예수 안에서 하나이기 때문이다"라는 뜻입니다.

이것은 그리스도의 복음, 즉 '구원의 복음, 새 창조의 복음'의 사회적 함축 의미를 가장 잘 표현한 말씀이기도 합니다. 그래서 이 말씀은 기독교 사회 윤리의 가장 기본적인 원칙입니다. 그리스도 안에서 이루어진 구속과 새 창조의 질서 속에서는 불평등과 불의를 가져오는 이 세상의 모든 차별이 해소되었습니다. 대표적으로 인종적 차별, 그것도 유대인과 이방인이라는 심지어 구속사적 차별도 해소된 것이고, 상전과 노예의 신분적 차별도 해소된 것이고, 남자와 여자의 성적 차별도 해소된 것입니다.

그렇기에 그리스도를 믿음으로 이방인들도 하나님의 백성/자녀들이 될 수 있는 것이고, 그렇기에 우리 한국 그리스도인들도 하나님의 백성/자녀들이 된 것입니다. 또 그렇기에 초대교회 안에서는 상전들과 노예들이 함께 형제의 공동체를 이루며 성찬식에 참여하고 예배드린 것이며, 바울은 빌레몬에게 오네시모를 더 이상 노예로 받지 말고 형제로 받으라는 혁명적 권면을 한 것입니다. 또 그렇기에 이제 곧 보겠지만 바울은 가정생활과 교회 생활에서 남녀의 동등성과 상호주의를 혁명적으로 적용한 것입니다.

그래서 그리스도의 복음이 선포되는 곳에는 항상 노예해방이 일어나고, 여성해방이 일어나며, 만민의 인권 의식이 증진되고, 모든 인종을 초월한 한 하나님 백성의 공동체, 곧 교회가 이루어지는 것입니다. 때때로 기득권 세력이 이 원칙에 저항하였기에, 이 원칙이 완전히 실현되는 데는 시간이 걸리고 많은 우여곡절을 겪어야 했음을 우리는 역사를 통해 잘 알고 있습니다. 하지만 결과적으로 오늘날 온 세계의 교회들과 한국 교회는 그리스도 안에 있는 새 창조의 질서 속에서 인종 차별이나 사회 신분적 차별의 해소됨을 잘 받아들이고 있습니다.

다만 일부 보수 교회들, 특히 한국의 보수 교회들에서는 유독 남녀의 성적 차별의 해소는 받아들이지 않고 있습니다. 이것 참 이상한 일입니다. 도리어 그들은 남녀 차별이 성경적이라고 우겨 대기까지 하고 있습니다. 과연 그럴까요?

그리스도 안에서 이루어진
구속과 새 창조의 질서 속에서는
불평등과 불의를 가져오는
이 세상의 모든 차별이 해소되었습니다.

부부 관계와 이혼,
부부의 동등성과 상호주의

"음행을 피하기 위하여 남자마다 자기 아내를 두고 여자마다 자기 남편을 두라 남편은 그 아내에 대한 의무를 다하고 아내도 그 남편에게 그렇게 할지라 아내는 자기 몸을 주장하지 못하고 오직 그 남편이 하며 남편도 그와 같이 자기 몸을 주장하지 못하고 오직 그 아내가 하나니 서로 분방하지 말라 다만 기도할 틈을 얻기 위하여 합의상 얼마 동안은 하되 다시 합하라 이는 너희가 절제 못함으로 말미

암아 사탄이 너희를 시험하지 못하게 하려 함
이라 그러나 내가 이 말을 함은 허락이요 명
령은 아니니라 나는 모든 사람이 나와 같기를
원하노라 그러나 각각 하나님께 받은 자기의
은사가 있으니 이 사람은 이러하고 저 사람은
저러하니라 내가 결혼하지 아니한 자들과 과
부들에게 이르노니 나와 같이 그냥 지내는 것
이 좋으니라 만일 절제할 수 없거든 결혼하
라 정욕이 불 같이 타는 것보다 결혼하는 것
이 나으니라 결혼한 자들에게 내가 명하노니
(명하는 자는 내가 아니요 주시라) 여자는 남편에게
서 갈라서지 말고 (만일 갈라섰으면 그대로 지내든
지 다시 그 남편과 화합하든지 하라) 남편도 아내를
버리지 말라 그 나머지 사람들에게 내가 말하
노니 (이는 주의 명령이 아니라) 만일 어떤 형제에
게 믿지 아니하는 아내가 있어 남편과 함께
살기를 좋아하거든 그를 버리지 말며 어떤 여
자에게 믿지 아니하는 남편이 있어 아내와 함
께 살기를 좋아하거든 그 남편을 버리지 말라

믿지 아니하는 남편이 아내로 말미암아 거룩
하게 되고 믿지 아니하는 아내가 남편으로 말
미암아 거룩하게 되나니 그렇지 아니하면 너
희 자녀도 깨끗하지 못하니라 그러나 이제 거
룩하니라 혹 믿지 아니하는 자가 갈리거든 갈
리게 하라 형제나 자매나 이런 일에 구애될
것이 없느니라 그러나 하나님은 화평 중에서
너희를 부르셨느니라 아내 된 자여 네가 남편
을 구원할는지 어찌 알 수 있으며 남편 된 자
여 네가 네 아내를 구원할는지 어찌 알 수 있
으리요"(고전 7:2-16).

바울은 고린도전서 7장에서 갈라디아서 3장 28절
의 원칙을 부부 관계에 적용하고 있습니다. 그리하여
앞에서 살펴본 바와 같이, 그는 부부간의 엄격한 동등
성과 상호주의의 가르침을 주고 있는 것입니다.

"음행을 피하기 위하여 남자마다 자기 아내를
두고 여자마다 자기 남편을 두라 남편은 그

아내에게 대한 (성적) 의무를 다하고 아내도
그 남편에게 그렇게 할지라 아내는 자기 몸을
주장하지 못하고 오직 그 남편이 하며 남편
도 그와 같이 자기 몸을 주장하지 못하고 오
직 그 아내가 하나니 서로 분방하지 말라"(고
전 7:2-5).

바울은 이어서 기도에 집중하기 위해서 성관계를
중단할 수도 있지만, 그때는 서로 합의해서 한시적으로
해야 하고, 그 뒤에는 다시 합해서 정상적인 성생활을
해야 한다고 덧붙입니다. 바울의 이 가르침에 나타나는
남편과 아내의 철저한 동등성과 상호주의를 음미해 보
십시오.

고대사회의 가부장적 가족제도에서, 아내의 굴종
이 보편화된 사회에서 이 가르침은 얼마나 혁명적인 것
입니까? "아내가 자기 몸을 주장하지 못하고 오직 남편
이 한다"는 말은 고대나 현대의 가부장적 사회에서 보
편적으로 수긍되는 말이겠지만, 뒤이어 나오는 "남편도
그와 같이 자기 몸을 주장하지 못하고 아내가 한다"는

말은 얼마나 충격적입니까? 또 성관계를 잠깐 중단함에 있어서도 남편과 아내가 서로 합의해야 한다는 원칙은 얼마나 파격적입니까?

남편은 가장이니 그는 주장할 수 있고 아내는 다만 그에게 순종해야 한다는 가부장적 가정 윤리는, 한국의 유교적 전통주의자들은 말할 것도 없고, 오늘날 한국의 대부분의 목사들과 심지어 가정사역 전문가들이라는 사람들이 '성경'을 내세우며 강력히 조장하는 가정 윤리 아닙니까? 그들은 이 성경 말씀을 제대로 음미해 보기는 했을까요?

바울은 부부 간의 성생활에 이어 고린도전서 7장 10-16절에서 이혼에 관해 가르치고 있습니다. 이곳에서도 바울이 갈라디아서 3장 28절의 원칙에 따라 남편과 아내를 동등한 권리를 가진 자들로 인식하고 있음이 잘 나타납니다. 여기서 바울은 갈라디아서 3장 28절의 원칙을 주 예수 그리스도로부터 배웠음을 암시하기도 합니다. 왜냐하면 바울은 이곳에서 예수의 말씀을 인용하고 있기 때문입니다. "결혼한 자들에게 내가 명합니다. 사실 내가 아니라 주께서 명하시는 것입니다. 아내는 남편에게서 갈라서지 말고… 남편도 아내를 버리지 마십시오."

남녀를 완전히 동등하게 취급하고 그들의 의무를 상호주의적으로 규정하고 있는 것입니다. 마가복음 10장 11-12절에 있는 예수의 말씀과 비슷한 말씀을 여기 인용함으로써 바울은 첫째, 이혼을 금지하고, 둘째, 남편과 아내를 동등하게 취급하는 가르침을 줌으로써, 자신이 과거의 유대교적 가르침을 버리고 주 예수 그리스도의 가르침을 따르고 있음을 나타내고 있습니다.

또 고린도전서 7장 12-16절은 혼합결혼의 상황에 대한 가르침을 담고 있습니다. 유대 사회에서만 살고 일하신 예수님은 그것에 대해서 가르치신 것이 없으므로, 바울은 주님의 말씀을 인용할 수 없어 사도로서 자신의 권위로 가르치고 있습니다. 바울은 이방 선교지에서 전혀 새로운 상황을 맞고 있습니다. 혼합결혼 상황, 즉 부부 중 한쪽만 그리스도인이 되고 한쪽은 전통적인 우상숭배를 지속하고 있는 상황입니다.

그럴 때는 어떻게 해야 할까요?

"그 나머지 사람들에게 내가 말하노니 (이는 주의 명령이 아니라) 만일 어떤 형제에게 믿지 아니하는 아내가 있어 남편과 함께 살기를 좋아하거든 그를 버리지 말며 어떤 여자에게 믿지 아니하는 남편이 있어 아내와 함께 살기를 좋아하거든 그 남편을 버리지 말라"(고전 7:12-13).

유대교뿐 아니라 모든 종교는 거룩한 것과 거룩하지 않은 것, 정결한 것과 불결한 것을 구분하고, 불결한 것과 닿으면 불결해진다(defilement by association)는 원칙을 천명합니다.

그래서 구약과 유대교 전통에서 나병 환자나 송장을 만지면 자신이 불결해지는 것입니다. 월경하는 여자와 접촉해도 자신이 더러워지는 것이고, 죄인이나 이방인과 같이 밥을 먹어도 자신이 더러워지는 것입니다. 이 '성별'(聖別)의 원칙을 가장 강조한 사람들이 바리새인들, 곧 성별 운동자들이지 않습니까?

그런데 열성적인 바리새인이었던 바울이 완전히 뒤집어진 것입니다. 혼합결혼 상태에 있는 부부들에게 이혼하지 말고 결혼 상태를 유지하라고 권하면서, 믿지 않는 남편이 믿는 아내로 인해 거룩하게 되고 믿지 않는 아내가 믿는 남편으로 인해 거룩하게 된다는 원칙을 그 신학적 근거로 삼고 있습니다.

그리스도의 사도가 된 바울이 자신의 과거 바리새적 원칙(defilement by association)을 완전히 뒤집어 부정한 자, 곧 믿지 않는 자가 거룩한 자, 곧 믿는 자와 연합함으로 말미암아 거룩해진다는 원칙(sanctification by association)을 천명하는 것입니다. 얼마나 놀라운 혁명적 가르침입니까?

바리새인이었던 그가 이런 말을 하는 것이 어떻게 가능했을까요? 복음 때문입니다. 바로 예수로부터 그 원칙이 나왔습니다.

예수께서 어떻게 했습니까? 나병 환자를 만지셨습니다. 그런데 예수가 더러워졌습니까? 바리새의 원칙에 따르면 그렇게 되어야 하는데, 그게 아니라 오히려 나병 환자가 깨끗해졌습니다. 혈루증 앓는 여인이 예수를 만져서 예수가 더러워진 게 아니고 혈루증 앓는 여인이 깨끗해졌습니다. 죄인들과 창기들과 세리들과 함께 먹고 마시는 잔치에서 예수께서 더러워진 것이 아니고 그들이 거룩한 하나님의 자녀가 되었습니다.

예수의 이 위대한 원칙을 바울이 고스란히 이어받은 것입니다. 그리고 바울은 이제 그것을 혼합결혼에 적용합니다. 우리에게는 이런 것이 익숙하니까 별로 충격이 안 되지만, 유대 신학이나 당시 상황에서는 혁명적인 것이었습니다. 아주 혁명적이었습니다.

또한 이 원칙은 하나님의 영, 성령이 이 세상의 영, 악령보다 더욱 강하다는 위대한 기독교적 확신을 반영하고 있습니다(참조: 요일 4:4). 성령에 힘입은 우리가 세상의 영을 가진 자를 압도한다는 뜻입니다. 그리스도 안에서 승리에 대한 확고한 신념을 가져야만 이것이 가능합니다. 그래서 바울은 혼합결혼을 허락합니다. 그리스도를 믿는 한 배우자를 통해서 가족 전체가 성령의 성화하는 힘의 영역에 들어오게 되고, 혼합결혼의 자녀들도 거룩하게 된다고 하지 않습니까? 아주 중요한 원칙입니다. (물론 신자가 불신자와 결혼하여 신앙을 버리는 경우도 많이 있습니다. 그러나 그 반대의 경우, 즉 불신자 배우자가 신앙을 얻는 경우도 많습니다. 그러기에 바울이 여기 한 원칙을 제시하고 있는 것입니다. 즉 불신자 배우자, 또는 배우자 될 사람이 신자 배우자의 기독교 신앙을 얼마나 존중하고 그것에 열려 있는 태도를 가지고 있나를 잘 살펴보고 결정하라는 것입니다. 오늘날과 같이 신자 여자들은 많고 남자들은 아주 적은 세상에서, 고린도전서 7장 12-16절의 가르침과 상충되어 논란되는 고린도후서 6장 14절-7장 1절의 말씀을 일방적으로 그리고 율법주의적으로 적용하여 우리의 신자 딸, 자매들에게 신자 배우자만 찾다가 홀로 늙어가도록 하는 가르침은 주 예수 그리스도의 복음의 구속적 능력에 대한 믿음이 약함을 의미합니다.)

심지어 교회의 예배당에도 귀신들이 들어 있다면서 세례 때 성령 받은 그리스도인 성도들을 귀신 공포증에 시달리게 하는 이른바 '영적 전쟁' 한다는 자들은 이 가르침도 모르려니와 성령의 능력도 모르는 자들입니다. 우리 안에 계시는 성령이 훨씬 강하지 그까짓 귀신들이 강합니까?

그런데 여기에서도 보십시오. 엄격한 남녀 동등성과 상호주의가 돋보이지 않습니까? 바울은 믿지 않는 아내가 믿는 남편에 의해서 거룩해진다고만 말합니까? 믿지 않는 남편이 믿는 아내에 의해서 거룩해진다고도 말하지 않습니까? 그래서 그 자녀가 다 거룩하게 된다고 하지 않습니까?

　요즈음 한국의 목사들과 일부 가정사역 전문가들이라는 사람들이 남편/아버지가 집안의 '제사장'으로서 '축복권'을 가지고 있다면서 가부장적 권위주의의 가정생활을 앙양한다는데, 참으로 놀랍고 한심스러운 일입니다. 도대체 남편/아버지가 가정에서 제사장으로서 축복권을 가지고 있다는 말이 어디서 나왔습니까? 구약의 족장들이 그 자손들을 축복하는 것을 보고 그러는 모양인데, 그들이 엄격한 의미로 무슨 제사장들입니까? 완성된 계시인 신약을 제치고 왜 예비 계시인 구약으로 갑니까? 구약 족장들의 이야기들을 오늘날 성도들의 가정생활 모범으로 삼자고 들면, 왜 그들의 일부다처제는 따르지 않습니까?

　'제사장'이란 언어를 중보 기도자, 하나님의 복의 전달자라는 뜻을 가진 그림언어로 쓰기로 한다면, 모든 그리스도인이 '제사장' 아닙니까? 그것이 종교개혁자들이 발견한 신약의 진리, 곧 '만인사제론'이 아닙니까?

　여기 본문에서도 믿는 아내가 믿지 않는 남편에게, 그리고 그 사이에 난 자녀에게 거룩성을 전달하는 제사장 노릇을 한다는 것입니다. 그래서 믿는 아내로 말미 암아 믿지 않는 남편이, 그리고 그 자녀가 거룩해진다는 것입니다. 어디에 남편/아버지만 제사장 노릇할 수 있다고 쓰여 있습니까? 우리 주위에도 아내/어머니를 통해서 신자 된 남편/아버지가 얼마나 많습니까? 사실 그 숫자가 남편/아버지를 통해 신자 된 아내/어머니의 수보다 훨씬 많습니다.

가정에서 남편/아버지(만)의 제사장 됨을 강조하는 사람들이 동시에, 성 아우구스티누스의 어머니 모니카의 모범을 즐겨 말하며 아내/어머니의 가족을 위한 기도를 권면하는 것을 보면, 그들의 신학적 일관성이 얼마나 부족한지 알 수 있습니다. 종교개혁자들의 후예들인 개신교의 교역자들로서 가정에서 남편/아버지(만)이 제사장이라는 전혀 비성경적인 가르침을 가르치는 사람들은 기독교를 가장한 유교의 가부장적 윤리로 그리스도인의 가정을 어렵게 하고 교회를 혼란에 빠뜨리는 책임을 져야 할 것입니다.

이와 같이 바울은 그리스도인 배우자가 비그리스도인 배우자에 의해 불결해지는 것이 아니고, 도리어 비

그리스도인 배우자가 그리스도인 배우자에 의해 거룩해진다는 적극적인 신학적 이해를 가지고 혼합결혼 상태의 부부에게 이혼하지 말고 결혼을 유지할 것을 권하고 있습니다. 이렇게 바울은 이혼을 금지한 예수의 가르침을 최대한 적용하려 노력합니다.

그러나 만약에 믿지 않는 배우자가 끝까지 이혼하자고 주장하면 그때는 이혼하라고 합니다. 지옥 같은 결혼을 계속 유지하는 것보다는 도리어 이혼해서 화평을 얻는 것이 낫다고 합니다. 하나님이 우리를 화평 가운데 지내도록 부르셨기 때문입니다(고전 7:15).

바울은 전혀 새로운 상황에서 예수의 이혼 금지 정신을 최대한 존중하되, 그것을 문자적으로 율법화하여 상황과 관계없이 고수하지는 않습니다. 어떤 상황에서든 이혼은 악입니다. 그래서 될 수 있으면 이혼은 막아야 합니다. 그러나 이 타락한 세상의 질서 속에서 우리의 딜레마는 선과 악 중 하나를 선택하는 것이 아니라, 두 악들 중에서 하나를 선택해야 할 때가 많습니다. 그때는 할 수 없이 보다 작은 악을 택할 수밖에 없습니다. 위험하고 지옥 같은 결혼을 유지하는 것보다 이혼이 더 작은 악일 때는 할 수 없이 이혼을 허락해야 합니다.

이런 가르침에 대해 한국의 근본주의자들은 그것은 '상황 윤리'이지 성경적 윤리가 아니라며 저항합니다. 그러나 그들은 고린도전서 7장 15절이 성경의 일부로서 그곳에 바로 그렇게 쓰였다는 사실을 외면합니다. 앞에서도 여러 번 보았듯이, 성경을 제일 많이 내세우는 근본주의자들이 가장 성경을 모르거나 무시하는 것이 우리의 불행한 역설입니다.

하여간 고린도전서 7장 15-16절에서 바울은 비그리스도인 배우자가 그리스도인 배우자에게 이혼을 고집하면서 결혼생활을 유지하기 어렵게 만들면 이혼하라고 가르치는데, 여기서도 철저한 남녀 동등성과 상호주의의 원칙을 따르고 있습니다.

"형제나 자매나 이런 일에 구애될 것이 없느니라. 하나님이 우리를 화평 가운데 지내도록 부르셨으니까. 아내여, 네가 남편을 구할 수 있을는지 어찌 알 수 있느냐? 남편이여, 네가 아내를 구할 수 있을는지 어찌 알 수 있느냐?"

여기서 마지막 문장, "아내여, 네가 남편을 구할 수

있을는지 어찌 알 수 있느냐? 남편이여, 네가 아내를 구할 수 있을는지 어찌 알 수 있느냐?"는 바울이 긍정적인 답을 염두에 두고 말한 것인지, 부정적인 답을 염두에 두고 말한 것인지 주석가들 사이에서 의견이 분분합니다. 문맥상 후자일 가능성이 더 크다고 보지만, 그 결정과 관계없이 논점은 분명히 드러납니다. 바울이 여기서도 남편과 아내를 철저히 동등성과 상호주의의 원칙으로 대한다는 것입니다.

어디에 남편/아버지만 제사장 노릇할 수 있다고 쓰여 있습니까?
우리 주위에도 아내/어머니를 통해서
신자 된 남편/아버지가 얼마나 많습니까?

교회 생활, 여자도 설교를 하되 복장을 단정히 하고 하라

"너희가 모든 일에 나를 기억하고 또 내가 너희에게 전하여 준 대로 그 전통을 너희가 지키므로 너희를 칭찬하노라 그러나 나는 너희가 알기를 원하노니 각 남자의 머리는 그리스도요 여자의 머리는 남자요 그리스도의 머리는 하나님이시라 무릇 남자로서 머리에 무엇을 쓰고 기도나 예언을 하는 자는 그 머리를 욕되게 하는 것이요 무릇 여자로서 머리에 쓴 것을 벗고 기도나 예언을 하는 자는 그 머리를 욕되게 하는 것이니 이는 머리를 민 것과 다름이 없음이라 만일 여자가 머리를 가리지 않거든 깎을 것이요 만일 깎거나 미는 것이 여자에게 부끄러움이 되거든 가릴지니라 남자는 하나님의 형상과 영광이니 그 머리를 마땅히 가리지 않거니와 여자는 남자의 영광이니라 남자가 여자에게서 난 것이 아니요 여자가 남자에게서 났으며 또 남자가 여자를 위하여 지음을 받지 아니하고 여자가 남자를 위하여 지음을 받은 것이니 그러므로 여자는 천사들로 말미암아 권세 아래에 있는 표를 그 머리 위에 둘지니라 그러나 주 안에는 남자 없이 여자만 있지 않고 여자 없이 남자만 있지 아니하니라 이는 여자가 남자에게서 난 것 같이 남자도 여자로 말미암아 났음이라 그리고 모든 것은 하나님에게서 났느니라 너희는 스스로 판단하라 여자가 머리를 가리지 않고 하나님께 기도하는 것이 마땅하냐 만일 남자에게 긴 머리가 있으면 자기에게 부끄러움이 되는 것을

본성이 너희에게 가르치지 아니하느냐 만일
여자가 긴 머리가 있으면 자기에게 영광이 되
나니 긴 머리는 가리는 것을 대신하여 주셨기
때문이니라 논쟁하려는 생각을 가진 자가 있
을지라도 우리에게나 하나님의 모든 교회에
는 이런 관례가 없느니라"(고전 11:2-16).

바울은 갈라디아서 3장 28절의 원칙을 교회 생활에
도 적용합니다. 그것이 고린도전서 11장 2-16절에 잘
나타납니다. 이 본문은 고린도교회의 공예배 시 여자들
이 기도하고 예언함에 있어 머리에 너울을 쓰지 않고
하여 예배 질서가 어지럽게 된 것을 교정하는 내용을
담고 있습니다. 이 본문을 제대로 이해하기 위해서는
당시의 유대 회당 예배를 먼저 생각해야 합니다.

지금도 보수 정통 유대 회당은 남자들이 모이는 공
간과 여성의 공간이 엄격히 구분돼 있습니다. 여자들의
방은 장막 뒤에 잘 보이지도 않는 곳에 있고, 따로따로
예배를 드립니다. 바울의 가르침은 바로 그런 상황 속
에서 이루어진 것입니다. 초대교회는 회당의 특징들을

많이 이어받았습니다.

　바울은 선교를 위해 어디를 가든 거의 회당을 중심으로 전도를 시작했고, 그곳에서 복음을 받아들인 사람들을 따로 떼어 회당을 모델 삼아 교회당을 만들었던 것입니다.

　그런데도 바울은 남녀 구분 없이 함께 같은 방에서 예배하게 한 것입니다. 그것부터가 놀라운 일로서 여성의 지위 향상을 의미합니다. 그런데 그뿐 아니라 공예배에서 여자들도 대표기도를 하고 예언도 하게 했습니다. 여기서 말하는 신약시대의 예언이란 주로 성령의 영감에 호소하며 성경(당시 우리의 구약)을 해석하면서 성도들을 권면하는 것을 포괄적으로 일컫는 말인데, 요즘 말로 하면 설교입니다.

　본문을 해석하려면 다음 세 가지 점들에 유의해야 합니다. 첫째, 바울이 지금 바로잡으려는 문제, 즉 공예배 때 여자들이 머리를 너울로 가리지 않고 설교하는 문제는, 원천적으로 바울이 교회의 공예배 때 여자들도 설교하도록 가르쳤기 때문이거나, 아니면 최소한 그것을 허락했기 때문에 발생한 것입니다.

둘째, 바울은 이 문제를 시정함에 있어 여자들더러 교회에서 잠잠하라, 즉 설교하지 말라고 명령하지 않고, 설교는 계속하되 머리에 수건을 쓰고 하라고 했다는 것입니다.

셋째, 본문의 요점은 남자가 여자의 '머리' 됨을 가르치는 것이 아닙니다.

유대교의 전통에서 볼 때 남녀가 한 방에서 예배드리는 것도 있을 수 없는 일이거니와, 여자들이 토라를 배우는 것도 허락되지 않았으니, 여자들이 하나님 영의 영감에 호소하면서 성경을 해석하고 설교를 한다는 것은 더더욱 상상할 수도 없는 일이었습니다. 그런데 원래 열렬한 유대 율법주의자였던 바울이 그가 세운 교회들에서 여자들로 하여금 남자들과 한 방에서 예배드리게 했을 뿐 아니라 공적으로 기도도 하고 설교도 하게 했다는 것은 충격적인 일이 아닐 수 없습니다.

이것은 바울이 그리스도인이 된 뒤 얻게 된 그리스도의 복음에 대한 깊은 이해와 갈라디아서 3장 28절에 천명된, 그리스도의 구속 사역으로 말미암아 이루어진 새 창조의 질서에 대한 확신을 반영하고 있습니다. 그것은 또 바울이 그리스도 복음의 사회적 함축 의미를 실현하는 데 주저하지 않고 적극적이었음을 반영합니다.

그런데 여자들이 말이 많은 것은 인류학적으로 보편적 현상이었는지, 갑자기 자유를 얻은 고린도교회의 여자들이 남자들과 평등하게 예배에 참여하면서 공적인 기도도 드리고 설교도 하되 굉장히 시끄럽게 한 것입니다. 공예배가 무질서하게 된 것입니다. 여자들이 성령의 영감에 호소하면서 주께서 이렇게 말씀하신다, 저렇게 말씀하신다며 떠들어 댄 것입니다. 거기다가 머리에 쓰던 너울조차 벗어던지고 떠들어 대니 예배의 분위기가 아주 어지럽게 되었습니다. 그래서 바울은 할 수 없이 질서를 잡아야 할 필요를 느꼈습니다.

그런데 바울이 질서를 어떻게 바로잡는지 잘 살펴보십시오. 이미 말한 바와 같이, 이 문제가 발생한 것은 바울이 원래 갈라디아서 3장 28절의 원칙에 따라 교회에서 남녀가 함께 예배할 수 있고, 여자도 기도하고 설교할 수 있다고 가르쳤기 때문입니다. 그러므로 문제가 발생했을 때 우리 같으면 '여자들에게 공예배에서 기도도 하고 설교도 하게 했더니 문제가 많구만. 아무래도 여자들이 공예배에서 기도하고 설교하는 것은 안 되겠어!'라고 생각하지 않았겠습니까? 그래서 그 문제를 가장 쉽게 해결하는 방법은 여자들은 교회의 공예배에서 기도하면 안 됨, 예언하면 안 됨, 즉 "여자는 교회에서 잠잠하라"고 명령하는 것 아니었겠습니까?

그것이 당시의 일반적인 정서에도 맞고, 오늘 한국의 다수 목사들의 뜻에도 맞을 것 아닙니까? 그런데 바울은 일체 그런 말을 하지 않았습니다. 본문에 그런 뜻이 어디 암시라도 되어 있습니까? 아닙니다. 바울은 갈라디아서 3장 28절의 원칙이 처음 시행될 때 이런 부작용이 일어났음에도 불구하고 그 원칙을 포기하지 않았습니다. 갑자기 자유를 얻은 여자들이 교회에서 그 자유를 너무 절제 없이 씀으로 인해 부작용이 생겼음에도 불구하고, 바울은 그들의 그 자유를 억제하지 않습니다. 신학적인 원칙을 포기하지 않습니다. 그만큼 복음의 원칙에 투철한 것이고, 그리스도 안에 남녀 차별이 있을 수 없다는 확신에 투철한 것입니다.

바울이 여자들에게 요구하는 것은 기도할 때나 설교할 때, 다만 그들의 머리를 너울이나 수건으로 가리라는 것입니다. 고린도전서 11장 2-16절의 긴 본문이 말하는 요점은 사실 이것 하나입니다. 이 요구를 강조하기 위해서 창세기의 창조 기사에 호소하여 남자가 여자의 '머리'이기에 그렇게 해야 한다고도 하고, '천사들 때문에' 그렇게 해야 한다고도 하며(11:10), 심지어 머리를 짧게 기르는 남자에 반해 여자는 머리를 길게 기르는 것이 자연스럽다는 점에 호소하기도 합니다.

여기서 바울이 '머리'론을 펴는 것은 어디까지나 여자들에게 머리에 수건을 쓰라고 하기 위해서인데도 불구하고, 많은 사람들은 이를 망각하고 그것을 일반화하여, 모든 영역에서 남자 또는 남편이 여자 또는 아내에 대해 권위자 노릇을 할 수 있으므로 여자/아내가 남자/남편에게 순종하도록 가르치기 위해서라고 착각합니다. 그래서 일반 성도들이나 목사들은 말할 것도 없고 심지어 신학자들이라는 사람들까지도 본문을 다룸에 있어 '머리'(kephale)라는 말이 '원천'이라는 뜻과 함께 '권위'의 뜻도 함축하고 있느냐 아니냐에 관심을 집중합니다.

바울이 8절에서 여자가 남자에게서 났음을 이유로

들고 있으니, 여기 '머리'라는 말에는 '원천'이라는 뜻이 기본적인 것 같고, 그 '원천'이라는 뜻에서 '권위'의 뜻도 부차적으로 파생된다고 보는 것이 옳을 것입니다.

그러나 그런 논쟁이 별로 중요하지 않다는 것을 본문에서 바울 스스로 보여 줍니다. 바울은 남자가 먼저 났고 여자가 남자의 몸에서 났으니까 남자가 여자의 '머리'라는 논리를 길게 펼치다가, 남자도 여자(어머니) 뱃속에서 나오는 사실을 기억하고는 그 논리를 중단하고 있습니다(11:11-12). 그래서 할 수 없이 "그러나 주 안에서는 남자 없이 여자만 있지도 않고 여자 없이 남자만 있지도 않다. 이는 여자가 남자에게서 난 것 같이 남자도 여자로 말미암아 났기 때문이다. 모든 것들이 하나님께로부터 났다"고 자신의 논증을 종결하고 맙니다.

이 말로 앞서 펼친 '머리'론을 스스로 포기하고 만 것입니다. 그러고는 그냥 머리를 짧게 기르는 남자에 반해 여자는 머리를 길게 기르는 것이 자연의 본성에 합당한 것이 아니냐고 물으면서 독자들의 상식에 호소하는 것으로 자신의 주장을 종결합니다(11:13-15).

그렇게 함으로써 바울은 자신의 '머리'론도 상식론과

마찬가지로 창조 기사와 자연현상에 호소하지만, 신학적인 원칙의 논리라기보다는 복장을 단정하게 하는 교훈을 강화시키기 위한 임시방편적인 논리(ad hoc argument)임을 나타내고 있습니다. 그러니까 바울의 뚜렷한 하나의 의도(여자들로 하여금 공예배 시 머리에 수건을 쓰고, 즉 복장을 단정히 하고 기도도 하고 설교도 하게 하려는 것)만을 중시해야지, 그것을 위해 스스로 펼치다 만 '머리'론에 사로잡히면 본문을 제대로 보지 못하는 것입니다.

바울은 여자가 머리를 너울로 가려야 할 이유를 '천사들 때문'이라고 대는데(11:10), 많은 학자들의 노력에도 불구하고 이에 대해 다수의 학자들이 지지하는 해석은 지금까지 나오지 않고 있습니다. 그러나 바울의 의도가 명백한 본문에서 그것 역시 어디까지나 부차적인 것에 불과합니다.

바울의 요구를 당시의 문화적 배경에 비추어 보면, 본문에서 명백히 밝히지는 않지만 그가 여자들에게 남들 앞에서 기도나 설교를 할 때 수건을 쓰라고 한 것은, 교회 공동체 안에서 남자들을 성적으로 자극하는 것과 밖의 세상에 악평이 나는 것을 두려워했기 때문이 아니었을까 짐작할 수 있습니다.

지금도 그렇지만, 당시 유대인들이나 지중해 세계 여자들은 대개 수건을 뒤집어쓰고 다녔습니다. 한번 생각해 보십시오. 머리에 수건을 쓰고 다니는 문화권에서 여자들이 수건을 벗고 그 아름다운 얼굴을 드러내면서 남자들 앞에 서서 기도도 하고 설교도 하면 얼마나 큰 성적 자극이 되었겠습니까? 요즘과 비교하면 여자가 허벅지를 다 드러내는, 아주 야한 미니스커트를 입고 교회에 온 것과 다름없습니다. 그리하여 예배의 분위기를 흐리는 것입니다.

더 심각한 문제는 그것이 교회 밖의 사람들에게 스캔들이 되어 그들의 교회에 대한 오해를 더욱 강화시킬 위험이 있었다는 것입니다. 바울은 교회가 헬라인에게나 유대인에게나 누구에게나 거침돌이 되어서는 안 된다고 거듭 강조합니다. 모든 것을 질서 있게 해서 교회 밖의 사람들에게 흠 잡히지 않게 하라는 것입니다. 이 문제가 초대교회 바울의 선교 상황에서 얼마나 중요했는지 모릅니다.

이에 관해 결정적 증거가 있는데, 1세기 말 플리니

라는 로마의 지방관이 로마 황제에게 쓴 편지가 그것입니다. 그 편지 내용은 "제게 일단의 그리스도인들이 붙잡혀 왔습니다. 그들이 새벽부터 모여서 그리스도라는 자에게 찬송을 하고 자기들끼리 예배하고 종교의식을 하는데, 제게 잡혀 온 죄목은, 이들이 남녀 혼음을 하고 아이들을 잡아 제사한다는 것입니다. 그런데 제가 이들을 문초해 보니까 고발 내용은 사실이 아닌 것 같습니다. 그럼에도 불구하고 제가 이들을 어떻게 처리해야 좋을지 모르겠으니 황제께서 제게 지침을 내려 주십시오" 하는 것입니다.

다시 말해, 1세기 바울의 선교 상황에서 그리스도인들은 엄청난 음해를 받는 상황에 있었습니다. 유대인들로부터 음해를 받고 이방인들로부터 음해를 받는 등, 음해를 받기 좋게 되어 있었습니다. 왜? 그리스도인들이 자신들의 도시나 직업의 수호신 숭배에 동참하지 않았기 때문입니다. 물론 로마 황제 숭배에도 동참하지 않았습니다. 그래서 그들은 가족으로부터, 지역사회로부터, 직업 동료들로부터 소외된 것입니다. 그런 사람들이 자기들끼리 모여서 무슨 새로운 종교 행위를 한답시고, 남녀가 함께 모여서 왁자지껄 떠들썩하게 철야기도를 한다고 하니, 비그리스도인들이 금방 말을 지어냅니다. 이들이 혼음하고 아이들을 제사한다는 극단적인 악선전까지도 지어내 퍼뜨린 것입니다.

바울은 적대하는 세상 사람들에게 그런 오해와 악선전의 빌미를 주지 않으려는 것입니다. 그래서 교회에서 뭐든지 볼품 있게 하라, 질서 있게 하라고 강조합니다. "유대인에게나 헬라인에게나 하나님의 교회에나 거치는 자가 되지 말고 나와 같이 모든 일에 모든 사람을 기쁘게 하여 자신의 유익을 구하지 아니하고 많은 사람의 유익을 구하여 그들로 구원을 받게 하라"(고전 10:32-33)를 비롯해, 고린도전서 14장 23절, 고린도후서 8장 21절, 데살로니가전서 4장 12절 등등, 곳곳에서 바울의 관심이 무엇입니까? 교회 밖의 외부인들에게 좋은 인상을 줘라, 오해의 빌미를 제공하지 말라는 것 아닙니까?

이런 상황에서 그리스도인 여자들이 너울을 벗어던지고 남자들과 함께 한 방에 모여서 예배하며, 기도나 설교 등에 적극적으로 참여하는 것은 외부 사람들에게 성적인 오해와 음해를 위한 빌미를 주기 딱 알맞았을 것입니다. 아마 이런 우려들이 크게 작용하여 바울이 여자들더러 복장을 단정히 하고 예배에 참여할 것을 강력히 권하지 않았나 짐작해 보는 것입니다.

하여간 다시 한 번 강조하는데, 고린도전서 11장 2-16절은 여자들의 설교권을 박탈하는 것도 아니고, 남자가 여자의 '머리'임을 내세워 남자의 가부장적 리더십과 여자의 순종을 가르치는 것도 아닙니다. 오로지 공예배 시 여자들이 복장을 단정히 하고 기도도 하고 설교도 하라는 가르침만을 담고 있습니다.

가정생활,
피차 사랑하고 복종하라

"그리스도를 경외함으로 피차 복종하라 아내
들이여 자기 남편에게 복종하기를 주께 하듯
하라 이는 남편이 아내의 머리 됨이 그리스도
께서 교회의 머리 됨과 같음이니 그가 바로
몸의 구주시니라 그러므로 교회가 그리스도
에게 하듯 아내들도 범사에 자기 남편에게 복
종할지니라 남편들아 아내 사랑하기를 그리
스도께서 교회를 사랑하시고 그 교회를 위하
여 자신을 주심 같이 하라 이는 곧 물로 씻어

말씀으로 깨끗하게 하사 거룩하게 하시고 자기 앞에 영광스러운 교회로 세우사 티나 주름 잡힌 것이나 이런 것들이 없이 거룩하고 흠이 없게 하려 하심이라 이와 같이 남편들도 자기 아내 사랑하기를 자기 자신과 같이 할지니 자기 아내를 사랑하는 자는 자기를 사랑하는 것이라 누구든지 언제나 자기 육체를 미워하지 않고 오직 양육하여 보호하기를 그리스도께서 교회에게 함과 같이 하나니 우리는 그 몸의 지체임이라 그러므로 사람이 부모를 떠나 그의 아내와 합하여 그 둘이 한 육체가 될지니 이 비밀이 크도다 나는 그리스도와 교회에 대하여 말하노라 그러나 너희도 각각 자기의 아내 사랑하기를 자신 같이 하고 아내도 자기 남편을 존경하라"(엡 5:21-33).

바울은 갈라디아서 3장 28절의 원칙을 에베소서에서 소위 가족 윤리, 또는 가족 간의 상호 의무 조항을 규정하는 데도 적용합니다(엡 5:21-33). 그런데 이 문맥에서 너무나 오랫동안 사람들은 22절, "아내들이여 자기 남편에게 복종하기를 주께 하듯 하라"는 말씀부터 읽었습니다. 그러나 사실 바울이 의도한 것은 21절, 즉 "그리스도를 경외함으로 피차 복종하라"는 말씀부터 읽는 것입니다. 이것이 부부 관계에 대한 가르침 전체에 대한 큰 제목입니다. 뒤이어 나오는 아내의 의무와 남편의 의무에 대한 규정은 그것의 부연입니다.

서로 복종하라는 것은 부부 관계에 그대로 적용됩니다. 그리스도의 주권자적 뜻에 따라, 그리고 그분께 영광 돌리는 의미로 남편과 아내가 서로 복종하라는 말입니다. 그리고 나서 그 원칙에 대한 부연 설명으로 22절에서 "아내들이여 자기 남편에게 복종하기를 주께 하듯 하라"며, 그렇게 해야 할 이유를 댑니다(23-24절). 또 25절에 "남편들아 아내 사랑하기를 그리스도께서 교회를 사랑하시고 그 교회를 위하여 자신을 주심 같이 하라"면서, 이후 구절들(26-33절)에서 남편이 아내를 사랑해야 하는 이유를 죽 대는데, 그러다가 남편에게 아내를 사랑하라는 말을 두 번 더 되풀이합니다. 여기에서 형식적으로 봐도 누구에게 더 강한 부탁을 하고 있습니까?

"아내여 남편에게 복종하라"는 말에는 두 마디밖에 덧붙이지 않습니다. 반면 남편이 아내를 사랑해야 한다는 말에는 훨씬 긴 말을 덧붙임으로써, 강조가 바로 후자에 있음을 금방 알 수 있습니다. 내용적으로도, 아내에 대해서는 "남편에게 복종하기를 주께 하듯 하라"고 한 반면, 남편에게는 아내 사랑하기를 그리스도께서 교회를 위해 "자신을 주심 같이 하라"고 했습니다.

어느 쪽에 더 큰 요구가 주어진 것입니까? 당연히 남편 쪽입니다. 그 기준이 그리스도가 교회를 사랑하여 자신을 내어 주심입니다. 남편에 대한 요구가 훨씬 큽니다. 왜 그럴까요? 당시 남편 우위의 고대사회에서 아내가 남편에게 복종하는 것은 보편적으로 받아들여지는 윤리였기에, 그것을 가르치기 위해 두어 마디 덧붙이는 것으로 충분했지만, 남편으로 하여금 아내를 사랑하도록 하는 데는 특별한 설득이 필요했던 것입니다.

이 본문의 진정한 기독교적 특성은 바로 이것입니다. 약자인 아내로 하여금 남편에게 복종하라는 전통적인 요구를 강조하는 것이 아니라, 강자인 남편에게 아내를 자아 희생의 정신으로(그리스도께서 교회를 위해 자기 목숨을 내어 주셨듯이) 사랑하라고 하는데, 일반 세상 윤리와 다른 기독교 윤리의 특성이 여기 나타난 것입니다. 이것은 고린도전서 8-10장에서 우상의 제물을 먹는 문제를 다룸에 있어 바울이 '약한 자들'보다는 '강한 자들'에게 자기 권리 희생을 더 크게 요구하는 것과 맥을 같이 합니다. 남존여비 사상이 아직도 가시지 않고 남편 위주의 문화가 여전히 지배하는 한국 사회에서, 에베소서의 본문은 교회가 무엇을 강조해야 할 것인지 분명히 보여 주고 있지 않습니까?

그러나 오늘도 우리 한국 교회에서는 본문을 해석함에 있어 아내의 남편에 대한 순종의 의무를 더 강조하는 경향이 있습니다. 그것을 위해서 남편이 아내의 '머리'라는 23절의 말씀을 대단히 중시합니다. 여기의 '머리'라는 말이 고린도전서 11장 2-16절에서보다 권위의 의미를 더 강하게 나타내는 것이 사실입니다. 또 많은 사람들은 바울이 여자에 대해서는 남편에게 '복종하라'는 동사를 썼고, 남편에 대해서는 아내를 '사랑하라'는 동사를 썼으니까, 분명히 남편이 위고 아내가 그 아래인 '위계질서'가 있다고 주장합니다.

그러면 본문은 갈라디아서 3장 28절의 말씀과 근본적으로 모순을 일으키는 셈인데, 그런 주장을 하는 사람들은 이제 성경이 서로 모순되는 가르침들을 가르치고 있음을 인정해야 하고, 바울의 두 가르침 중 하나를 골라잡고 다른 하나는 버려야 하는 상황에 놓이게 되었습니다. 그런 사람들은 대개 그리스도의 복음의 정신을 뚜렷이 표현한 갈라디아서 3장 28절을 무시하고, 이 세상의 전통적인 윤리와 다를 바 없이 남존여비 사상을 가르치는 듯한 에베소서 5장 22-25절을 골라잡습니다.

그들 중 어떤 이들은 갈라디아서 3장 28절을 염두에 두고, 그리스도 안에서 남녀는 본질적으로 또는 구원론적으로는 동등하나 기능적으로 또는 역할에 있어서는 차이가 있다고 말함으로써 이 문제를 해결하려고 하는데, 그것은 사실 언어 유희에 불과합니다. 오랫동안 순진한 여자 성도들이 이런 설명을 수용해 왔는지 모릅니다. 그러나 이제는 많은 여자 성도들이 깨닫게 된 것입니다. 그것은 그동안 설교와 성경 해석을 독점해 온 남자들이 자신들의 가부장적 기득권을 보호하기 위해서 써온 말장난에 불과하며, 자신들을 굴종시키기 위한 감언이설에 불과하다는 것을 말입니다. 그들은 남자들이 그런 주장을 펴며 자신들을 가정에서는 남편에게 수종 드는 '역할'(또는 '기능'), 그리고 교회에서는 남자들의 리더십에 복종하는 '역할'을 하게 하고, 그리하여 남자들은 가정에서나 교회에서나 그들을 부리는 '역할'을 하는 것을 보고는, 이것이야말로 신약성경의 정신에 정면으로 배치되는 불의의 죄악이요, 남자들의 여자들에 대한 일방적 착취를 미화하는 감언이설이라는 것을 간파하게 된 것입니다.

우스꽝스러운 현상은 그런 이른바 '역할의 차이'론으로 말미암아 실제로 불이익을 당하는 여자들은 그 이론은 남녀 동등이라는 신약성경의 기본 가르침을 헛되게 하는 말장난에 불과하며 속임수라고 거부하는데, 그 이론으로 이익을 보는 남자들은 그것이 남녀 동등의 원칙에 합치하며 성경적이라고 우겨 대고 있는 것입니다. 이 '역할의 차이'론으로 한편이 실제로 이익을 보고 다른 한편이 손해를 보는데, 어떻게 그 이론이 남녀 동등의 원칙에 합치한 것입니까? 우습다 못하여 슬프기까지 한 상황은 너무나 많은 (특히 기초 교육이 약한 한국의) 남자들이 기득권에 눈이 멀어 성경의 가르침은 말할 것도 없고 언어와 기본 논리조차 비틀고 있는 것입니다. 그러나 여자들도 이제는 성경을 볼 줄 알아, 그런 주장이 성경적이기는커녕 주 예수 그리스도와 사도 바울의 가르침 전체와 어긋나고 에베소서 5장 21절의 "피차 복종하라"는 기본 논지에도 정면 배치된다는 것을 깨닫게 되었습니다.

그럼에도 어떤 사람들은 또 삼위일체적 신론에 있어 성부 성자 성령이 본질적으로 동등하면서도 위계질서가 있고 기능이 다름(또는 성자의 성부에 대한 복종)을 유비(analogy)로 들면서 남편과 아내의 상하 위계질서와 아내의 복종 기능 개념을 정당화하려 노력하기도 합니다. 그러나 그것은 삼위일체적 신론이 남편과 아내의 관계에 적절한 유비를 제공할 수 없다는 것을 모르는 것입니다.

삼위일체적 신론의 기본 의미는 초월하시며 동시에 내재하시는 한 하나님의 존재와 역사 방법을 설명하려는 것으로서, 초월하시는 성부가 성자를 이 세상으로

'보내심'(sending, commissioning)으로 성자가 성부를 이 세상에 계시하시고 성부의 구원을 이루셨으며, 성부가 성자를 통하여 성령을 '보내심'으로 성령이 성자 안에 이루어진 성부의 계시와 구원을 실재화(또는 효력이 발생하게 함)하는 것을 말합니다. 그러므로 성부 성자 성령의 상호 관계는 '보내심'으로 규정되는 것이고, 그러기에 '보내심' 받은 성자는 '보내신' 성부를 순종하여(성부의 뜻에 자기의 뜻을 완전히 일치시켜) 성부를 계시하고 성부의 구원을 이루는 것이며, 성령의 역사도 마찬가지 구조를 갖는 것입니다.

그러나 초월자의 내재의 존재 방식이 아닌 부부 관계에, 남편은 '보내고' 아내는 '보냄받는' 구조도 갖추고 있지 않은 부부 관계에 삼위일체론적 관계를 유비로 적용하는 것은 근본적으로 불가능한 것입니다.

아내와 남편은 본질적으로 또는 구원론적으로는 동등하나 그들의 기능(또는 역할)은 달라서 아내는 '복종'하는 기능을, 남편은 '사랑'하는 기능을 가지고 있다거나, 남편이 아내의 '머리'이니 그들이 동등하면서도 상하의 위계질서가 있다는 등의 설명이 결국 언어 유희에 불과

한 이유는 무엇입니까? 바울이 남편에게 요구하는 '사랑'이란 말보다 더 포괄적으로 자기희생을 요구하는 말이 없기 때문입니다.

사랑이란 무엇입니까? 바울은 여기서 "그리스도께서 교회를 위해서 자기를 내어 주심"이라고 정의합니다. [비교: 예수님의 하나님 나라 백성간의 리더십에 대한 정의(막 10:35-45)]. 그것이 사랑의 정의이고 기준입니다. 자기를 내어 줌(self-giving)입니다. 이것은 자기주장(self-assertion)의 반대말입니다. 자기희생으로서의 '사랑'은 '복종'(자기의 뜻을 굽혀 상대방의 뜻을 좇음)의 다소 제한된 개념을 내포할 뿐 아니라, 그것보다 훨씬 더 포괄적이고 본질적인 자아 전체의 희생을 뜻하는 것입니다. '복종'도 일종의 자기희생이지만, 사랑은 '복종'을 포함하는 더 총체적 자기희생인 것입니다.

이렇게 '사랑'의 신약적 뜻을 해석해서 얻은 이 결론을 21-31절의 구조가 확고히 뒷받침합니다. 21절에 남편과 아내의 상호 관계를 규정하는 원칙으로 "피차 복종하라"고 해놓고는, 그것을 부연함에 있어 아내에게는 "복종하라", 남편에게는 "사랑하라"고 하였으니, 여기 "사랑하라"는 말에 "복종하라"는 뜻이 담긴 것은 명백합니다. 그러므로 아내는 '복종'하는 기능, 남편은 '사랑'하는 서로 다른 기능을 가지고 있다거나, 주위에서 자주 듣는 더 천박한 표현, "남편은 아내를 사랑해 주면 되는 것이고, 아내는 남편에게 복종해야 한다"는 말은 성립될 수 없는 말들인 것입니다.

그러므로 이 본문에서도 고린도전서 7장에서와 같이 바울이 부부 관계를 철저히 동등성과 상호주의의 원칙 하에 다루고 있음을 알아야 합니다. 바울은 이미 고린도전서 7장 3-5절에서 남편과 아내가 서로 상대방의 성적 권리와 요구에 순종해야 한다고 가르치고, 그 신학적 근거로 아내도 그리고 남편도 자신의 몸을 자신이 주장하지 못하고 그 배우자가 주장한다고 가르쳤지 않습니까? 거기서 바울이 "마찬가지로 남편도 자기 몸을 주장하지 않고, 그 아내가 한다"는 신학적 원칙을 천명하면서, 그러기에 남편도 아내의 성적 권리와 요구를 들어주어야 한다고 가르칠 때, 그는 분명히 아내가 남편에게 하듯 남편도 아내에게 '순종'해야 함을 가르치고 있습니다.

사실이 이런데도, 아내가 자기 몸을 주장하지 않고 남편더러 하게 함은 '순종'이지만, 남편이 자기 몸을 주장하지 않고 아내더러 하게 함은 '순종'이 아니라 그냥 '사랑'이라고 우겨 댈 것입니까? 만약 누가 그렇게 우겨 댄다면 그는 그것으로 자신이 성경의 말씀을 해석할 능력은 물론 심지어 기본적인 논리도 갖추지 못한 사람임을 드러내는 것입니다.

그러므로 에베소서 5장 21-33절의 맥락과 그곳에서의 한 중심 단어인 '사랑'의 진정한 의미, 그리고 바울의 남녀 관계에 대한 전체적 가르침, 특히 고린도전서 7장 3-16절에서의 부부 관계에 대한 가르침에 비추어 볼 때, 에베소서 5장 21-22, 25절에 나오는 권면의 진정한 뜻은 "아내들이여, 남편들이여, 서로 사랑하고 서로 복종하라"입니다.

그런데 왜 바울은 아내의 '복종', 남편의 '사랑'이라고 구태여 단어를 바꾸어 사용했을까요? 그것은 최소한 바울이 문체의 변화를 위해서 그렇게 했다고 말할 수 있겠으나, 좀 더 깊은 이유는 바울이 남자에게 '복종'을 포함한, 훨씬 더 많은 요구를 하기 위해서였다고 봐야 합니다. 그것은 앞서 본 바와 같이 "남편들아, 아내를 사랑하라"는 말에, 비교할 수 없이 길고 절대적인 설명을 덧붙이고 있음에 잘 드러나 있습니다.

여자들이 남편에게 복종하는 것은 당시 사회에서는 늘 하던 관행이므로 "아내들아, 남편에게 복종하라"는 가르침에는 새로운 것이 없습니다. 남자가 여자의 '머리'라는 것도 새로울 것이 없습니다. 그러므로 그것을 너무 강조하는 것은 본문의 의도에 어긋납니다. 여기서 진짜 새로운 (곧 기독교적인) 것은 남편들이 아내에게 자기 몸을 내어 주는, 자아 포기의 삶을 살아야 한다는 요구입니다.

그러므로 우리나라 사람들이 흔히 그러듯, 어느 남편이 이 본문에 쓰인 '머리'라는 개념과 '복종'이라는 표현을 붙들고 자기 아내에게 '복종'을 강요한다면, 그는 그 행위로 자기 아내에 대한 '사랑'의 의무를 저버린 것입니다. 신약의 가장 기본적인 요구인 사랑, 곧 자기 희생을 거부하면서 아내에게 자기주장하는 것이기 때문입니다. 자기주장은 죄의 본질입니다. 그러므로 에베소서 5장 21-31절의 말씀을 더 이상 가부장적 부부 관계를 지탱하기 위해서 써서는 안 됩니다.

어떤 사람들은 본문의 가르침에 따라 남편의 아내에 대한 사랑의 의무를 강조하면서도, 그래도 남편이 아내의 '머리'이므로 남편의 가정에서 '대표'권은 존중되어야 한다고 가르칩니다. 그런 사람들이 말하는 '대표'권의 내용을 분석하면, 그 알맹이는 결국 가정에서 최종 결정권은 남편이 가져야 한다는 것으로 귀착되는 모양입니다. 남편이 아내를 사랑해야 하므로 모든 것을 아내와 상의하여 결정하되, 의견이 상충할 때는 그래도 최종 결정권은 남편이 가져야 하고 아내는 거기에 순복해야 한다는 식입니다. 그러나 이것이 본문이 남편에게 요구하는 '사랑'의 의무와 잘 조화되는 주장입니까? 또 고린도전서 7장 2-16절의 정신과도 잘 조화됩니까?

어떤 경우 또는 어떤 문제들에 있어서는 남편보다 아내가 하나님으로부터 더 많은 지혜를 받았을 수도 있는데, 그런 때도 남편이 결정하고 아내는 그냥 '은혜스럽게 순종'해야 한다면, 그것이 과연 하나님의 뜻에 합당하며 현명한 일입니까? 곧 본문이 요구하는 바, 남편과 아내가 서로 사랑하고 순종하는 관계를 이루어 가는 것입니까? 그렇게까지 율법주의적으로 남편의 '머리' 됨 또는 '대표'권을 내세우는 것이 과연 예수와 사도 바울의 정신에 합당한 것이며 가정에 유익한 것입니까? 고린도전서 7장 4-5절에 있는 바울의 가르침을 다시 음미해 보십시오.

　　남편과 아내가 똑 같이 주의 뜻을 순종하겠다는 자세로 어떤 사안을 살피는 과정에서도 의견이 팽팽하게 대치하는 경우가 있습니다. 그럴 때는 무조건 아내가 양보해야 하는 것도 아니고 무조건 남편이 양보해야 하는 것도 아닙니다. 그럴 경우 가끔은 남편이 양보하며 아내의 뜻을 좇기도 하고, 가끔은 거꾸로도 하는 것이 옳습니다. 성경적으로 보자면 그럴 경우 양보하는 사람이 남편이든 아내든 더 성숙한, 사랑이 풍부한 그리스도인인 것이지요.

'복종'도 일종의 자기희생이지만,
사랑은 '복종'을 포함하는 더 총체적 자기희생입니다.

여자는
교회에서 잠잠하라?

"그런즉 형제들아 어찌할까 너희가 모일 때에 각각 찬송시도 있으며 가르치는 말씀도 있으며 계시도 있으며 방언도 있으며 통역함도 있나니 모든 것을 덕을 세우기 위하여 하라 만일 누가 방언으로 말하거든 두 사람이나 많아야 세 사람이 차례를 따라 하고 한 사람이 통역할 것이요 만일 통역하는 자가 없으면 교회에서는 잠잠하고 자기와 하나님께 말할 것이요 예언하는 자는 둘이나 셋이나 말하고 다른 이들은 분별할 것이요 만일 곁에 앉아 있는 다른 이에게 계시가 있으면 먼저 하던 자는 잠잠할지니라 너희는 다 모든 사람으로 배우게 하고 모든 사람으로 권면을 받게 하기 위하여 하나씩 하나씩 예언할 수 있느니라 예언하는 자들의 영은 예언하는 자들에게 제재를 받나니 하나님은 무질서의 하나님이 아니시요 오직 화평의 하나님이시니라 모든 성도가 교회에서 함과 같이 여자는 교회에서 잠잠하라 그들에게는 말하는 것을 허락함이 없나니 율법에 이른 것 같이 오직 복종할 것이요 만일 무엇을 배우려거든 집에서 자기 남편에게 물을지니 여자가 교회에서 말하는 것은 부끄러운 것이라 하나님의 말씀이 너희로부터 난 것이냐 또는 너희에게만 임한 것이냐 만일 누구든지 자기를 선지자나 혹은 신령한 자로 생각하거든 내가 너희에게 편지하는 이 글이 주의 명령인 줄 알라 만일 누구든지 알지 못하면 그는 알지 못한 자니라 그런즉 내 형제들

아 예언하기를 사모하며 방언 말하기를 금하
지 말라 모든 것을 품위 있게 하고 질서 있게
하라"(고전 14:26-40).

바울은 철저히 모든 삶의 영역에서 남녀 관계를 갈
라디아서 3장 28절의 원칙에 따라 설정하고 있습니다.
그런데 고린도전서 14장 34-35절은 이것과 정반대의
가르침을 담고 있습니다. 이 구절이 우리 교회들에서
여성의 설교나 리더십 행사를 부인하는 성경적 근거로
많이 사용되고 있음은 주지의 사실입니다.

"여자는 교회에서 잠잠하라 그들에게는 말하
는 것을 허락함이 없나니 율법에 이른 것 같
이 오직 복종할 것이요 만일 무엇을 배우려
거든 집에서 자기 남편에게 물을지니 여자가
교회에서 말하는 것은 부끄러운 것이라"(고전
14:34-35).

그러나 이 두 구절은 사본학적으로 불안정합니다.

어떤 사본들에는 이 절들이 40절 이후에 놓여 있기도 합니다. 또 이 절들은 문맥을 끊고 있습니다.

고린도전서 14장에서 바울은 교회에서 예언하고 방언하는 것에 관한 가르침을 주는 중입니다. 즉 당시 고린도교회의 예배 도중 중구난방으로 방언하고 예언하여 무질서한 상황이 빚어진 것을 바로잡고 있는 중입니다. 그래서 바울은 교회의 공예배에서 방언보다는 예언하는 것이 더 낫고, 방언과 예언은 두세 사람만 할 것이며, 방언은 통역이 있어야 하고, 예언도 여러 사람들이 한꺼번에 하지 말고 한 사람씩 차례대로 하라고 권합니다.

이어서 바울은 '성령의 주권자적인 영감으로 방언이 터지고 예언이 터지는데 어떻게 하나?'라는 반문을 의식하고, "예언하는 자들의 영은 예언하는 자들에 의해 제재된다"고 주장하면서, "하나님은 무질서의 하나님이 아니라 화평의 하나님이기 때문이다"고 덧붙입니다(고전 14:32-33).

그러고 나서 갑자기 "여자는 교회에서 잠잠하라"가 나오고, 36-38절에 가면 "하나님의 말씀이 너희로부터 난 것이냐? 또는 너희에게만 임했느냐? 만일 누구든지 자기를 선지자나 영을 받은 자로 생각하거든 내가 너희에게 편지하는 이 글이 주의 명령인 줄 알라. 만일 누구든지 이것을 인정하지 않으면, 그 사람도 인정받지 못한다"라는 말로 이어집니다.

끝으로 바울은 38-39절에서 지금까지의 권면 전체를 요약하여, 예언하기를 간절히 바라고 방언도 허락하되, 모든 것을 질서 정연히 해야 한다고 강조합니다.

이 문맥을 보면, 분명히 34-35절이 선지자들이 예언하는 데 대해 바울이 타이르는 문맥을 끊고 삽입된 것임이 드러납니다. 34-35절을 제쳐 놓고 32-33절에서 36-40절로 건너뛰어 읽어 보십시오. 스스로 선지자라고 주장하면서 성령이 하나님의 말씀을 자신들에게 영감하므로, 자신들은 예배 질서에 아랑곳없이 계속 예언해야겠다고 주장하는 자들을 타이르는 내용으로 일관되지 않습니까?

그래서 많은 주석가들은 사본학적인 불안정성과 문맥상의 문제점을 감안하여 34-35절을 후대에 삽입된 것으로 봅니다. 저자의 스승이셨던 브루스(F. F. Bruce) 교수도 여자들은 교회에서 잠잠해야 한다고 가르치는 형제교단 출신임에도 불구하고 이 본문은 바울이 쓰지 않고 후기에 삽입된 것으로 보았습니다(교수들과 박사과정 학생들의 세미나에서 가끔 그런 견해를 표명하기도 했다).

34-35절과 어휘나 사상이 같은 본문은 디모데전서 2장 11-15절에도 나타납니다. 대부분의 주석가들은 이 본문들은 디모데전서가 쓰인 1세기 말 무렵의 영지주의 여자들이 교회에서 상당한 물의를 일으키는 상황에서 질서를 잡기 위해 쓰였다고 봅니다. 디모데전서 2장 11-15절과의 유사성에 비추어 볼 때 고린도전서 14장 34-35절도 아마 그 무렵 영지주의 여자들이 교회의 공예배 시 성경 해석이나 교리에 대해 질문해 대고 논쟁을 벌이는 시끄러운 상황(35절을 유의할 것-여자들이 설교하는 상황이 아니고 질문해 대는 상황임)을 바로잡기 위해서 쓰인 후, 고린도전서 14장에 삽입되지 않았나 짐작해 볼 수 있습니다.

그렇게 볼 수밖에 없는 또 하나의 이유는 이 구절들이 고린도전서 14장의 맥락에만 어긋나는 것이 아니라 바울의 남녀 관계에 대한 전체적인 가르침, 특히 고린도전서 11장 2-16절의 가르침과도 완전히 모순되기 때문입니다. 지금까지 살펴본 바와 같이 바울은 남녀 관계에 있어 일관되게 갈라디아서 3장 28절의 동등성의 원칙에 따라 가르쳤지 않습니까? 더구나 고린도전서 14장보다 조금 앞에 있는 11장에서 공예배 시 여자들도 기도도 하고 예언도 하되 다만 머리에 수건만 쓰고 하라지 않았습니까?

만약 바울이 고린도전서 14장 34-35절을 썼다면 고린도전서 11장에서 자신이 쓴 말을 잠깐 사이에 완전히 뒤집어 버리고 자기모순을 범했다고 생각되는데, 이것이 그럴듯한 일입니까? 그렇다면 바울은 한 편지 안에서도 서로 모순되는 가르침을 주는 종잡을 수 없는 사도인 셈인데, 그것은 우리에게 엄청난 신학적인 문제를 안겨주는 일입니다.

바울이 여자들더러 교회에서 잠잠하라고 가르치고 싶었다면, 여자들이 질문해 대는 것보다 훨씬 더 심각한 설교하는 문제를 다루는 고린도전서 11장 2-16절에서 그렇게 가르쳤어야지, 왜 거기서는 설교하도록 내버려 두고, 이제 와서 여자들이 질문해 대어 좀 시끄러워진 것을 가지고 그렇게 엄중한 명령을 한단 말입니까?

바울이 원래 여자들은 교회에서 설교하면 안 되고 그저 잠자코 있어야 한다고 믿는 사람이라면, 고린도전서 11장 2-16절에서 "여자는 교회에서 잠잠하라"는 한마디로 간단히 문제를 해결해 버리지, '머리'론, 천사론, 자연론 등 여러 논리들을 복잡하게 펼친 후에 겨우 여자들더러 머리에 수건을 쓰고 설교하라고 했겠습니까?

고린도전서 14장 34-35절의 "여자들은 교회에서 잠잠하라"는 말을 들이대며 여자들이 교회 안에서 설교하거나 가르치는 것을 막는 근본주의자들은 말끝마다 성경을 들먹이면서도 실제로는 성경을 제대로 보지 않아, 그 말이 후대에 삽입된 것임은 말할 것도 없고 여자들의 설교/가르침을 막는 것이 아니라 질문해 대며 소란피우는 것을 막는 것임도 깨닫지 못합니다. 또 정작 여자들의 설교 문제는 바울이 앞서 고린도전서 11장 2-16절에서 다루면서 전혀 막지 않았다는 사실을 간과합니다. 그리하여 그들은 34절 "여자들은 교회에서 잠잠하라"는 말은 여자들의 교회 내에서의 설교/가르침을 막기 위해 인용되어서는 안 됨을 알지 못하고, 그 목적을 위해 계속 오용하고 있는 것입니다.

바울의 여성에 대한 가르침들은
상호 모순되는가?

　이와 같이 고린도전서 14장 34-35절을 사본학적으로, 그것이 속한 맥락에서, 또 바울의 남녀 관계에 대한 가르침의 전체 맥락에서 살펴보았을 때, 그것은 바울이 쓴 말이 아니고 후대에 쓰여 현재의 맥락에 불안하게 삽입된 것이 확실합니다.

　그럼에도 불구하고 교회 생활에서 남자의 독점적 리더십을 옹호하려는 사람들이 고린도전서 14장 34-35절을 디모데전서 2장 11-15절과 함께 바울의 진짜 가르침으로 보고 금과옥조로 삼기를 원한다면, 그들은 심각한 신학적 문제를 만들어 내고 있는 것입니다. 즉 그들은 바울을 한 편지에서도 상호 모순되는 가르침을 주는 사도로 만들고, 성경을 한 책에서도 상호 모순되는 가르침을 담고 있는 책으로 만드는 것입니다. 그리하여 성경의 권위를 심히 훼손하는 것입니다. 이것은 심각한 신학적 문제가 아닐 수 없습니다. 성경을 보수한다는 사람들이 도리어 성경을 훼손하고 마는 셈입니다.

그런데 그들로 인해 또 하나의 신학적 문제가 제기됩니다. 그들은 남녀동등성과 상호주의의 원칙을 천명하는 바울의 말씀들(갈 3:28; 고전 7:2-16, 11:2-15, 엡 5:21-33 등)과, 그것들과 정반대되는 말씀(고전 14:34-35) 중 후자를 골라잡고 전자를 배격하는 결정을 합니다. 수량적으로도 전자가 월등히 우세한 것은 말할 것도 없으려니와, 보다 중요한 것은 전자가 그리스도의 복음의 정신을 잘 표현하는 반면에 후자는 그리스도의 복음의 정신에 배치되어 겨우 구약의 율법에 호소해야 하는데도 말입니다.

이것은 심각한 해석학적 문제가 아닐 수 없습니다. 근본주의자의 율법주의 경향은 이렇게 율법의 마침이신 그리스도(롬 10:4)의 복음을 저버리고 무엇이나 율법적인 것을 선호하게 하여 심히 불확실한 고린도전서 14장 34-35절과 같은 율법주의적 언명을 가장 중요한 금과옥조로 삼게 하는 것입니다. 그리하여 근본주의자들은 주 예수 그리스도와 사도 바울이 율법의 핵심으로 가르친 사랑의 이중계명(하나님 사랑, 이웃 사랑)과 전혀 무관한 "여자는 교회에서 잠잠하라"는 등의 말을 주 예수 그리스도와 사도 바울이 그토록 정죄한 율법주의적 태도로 고수하려 하는 것입니다.

그렇게 함으로써 그들은 결국 복음의 첫 설교자들이었던 막달라 마리아 등 여자들을 범법자로 만들고 그들이 설교한 복음을 무효화하며, 심지어 그들을 복음의 첫 설교자로 내세우신 주 예수 그리스도까지 자신들의 귀중한 법("여자는 교회에서 잠잠하라")을 어기도록 교사한 분으로 만들고 마는 것입니다!

"너희는 유대인이나 헬라인이나 종이나 자유인이나
남자나 여자나 다 그리스도 예수 안에서 하나이니라"
(갈 3:28)

part 4

진정 복음적인
남녀 관계를 위하여

올바른 해석학이 중요하다!

다른 문제들에 대한 가르침들에서도 그렇지만, 남녀 관계에 대한 성경의 가르침에 대하여 해석할 때, 해석자는 자신의 취향에 따라 몇몇 구절만 인용해서 그들을 율법적으로 해석하고 적용하려고 할 것이 아니라 성경의 가르침 전체를 살펴야 합니다. 특히 원칙적이고 중심적인 가르침과 문화적이고 주변적인 요소들을 구분하여 해석해야 하며, 성경 말씀의 문자보다는 그 정신을 따라야 합니다(고후 3:6).

예컨대 갈라디아서 3장 28절과 고린도전서 14장

34-35절 중 어느 구절이 그리스도 복음의 더 정확한 표현인지 생각해야 합니다. 그리스도 안에서 이루어진 새 창조의 복음과 질서를 더 존중해야겠습니까, 아니면 고린도전서 11장 2-16절에서 바울이 논지를 펴다가 포기해 버린, 옛 창조의 질서에 호소하는 '머리'론에 더 강조점을 두어야겠습니까?

고린도전서 11장 2-16절 중에서도 그리스도 안에서 이루어진 새 창조의 확신 가운데 여자들도 교회의 공예배에서 기도하고 설교하도록 한 새 관행의 혁명적 도입을 더 중시해야겠습니까? 아니면 옛 창조 질서에 호소해서 펴는 '머리' 개념을 근거로 옷차림에 대한 주의사항을 더 중시해야겠습니까? 후자가 그렇게 중요하다면 왜 예배 때 여성들에게 머리에 수건을 쓰라고 더 이상 요구하지 않는 것입니까? 고린도전서 11장대로 하려면 여성도 안수를 받고 설교하게 하되 다만 머리에 모자만 쓰게 하면 될 것 아니겠습니까?

고린도전서 7장 2-16절의 남녀 동등성에 대한 바울의 철저한 가르침에도 불구하고, 또 에베소서 5장 21절의 피차 복종하라는 원칙적인 천명과 25절의 남편의 아내 사랑의 의무에 대한 훨씬 더 큰 강조에도 불구하고, 에베소서 5장 22절의 아내의 남편에 대한 복종을 가장 중요한 요구인 것 같이 주장하면, 그것이 과연 옳은 해석입니까?

남녀의 동등성과 상호주의에 대해 말하는 구절들이 그리스도 예수의 구속과 새 창조의 복음을 더 정확히 표현하고 있는 반면, 고린도전서 11장 2-16절(여자는 머리에 수건 쓰라는 부분), 14장 34-35절(여자는 교회에서 잠잠하라는 부분), 디모데전서 2장 11-15절(여자는 조용히 배우라는 부분) 등은 여성들이 그리스도 예수 안에서 얻은 자유를 지나치게 행사하여 옷차림이 너무 야해지거나 너무 시끄러워지는 것을 막으려는 다분히 비본질적이고 상황적인 권면들을 담고 있음을 알 수 있습니다.

이런 해석학적이고 신학적인 판단을 못한 채 사본학적으로도 불안하고 내용적으로도 이차적임에 틀림없는 고린도전서 14장 34-35절, 또는 후대의 디모데전서 2장 11-15절 등의 본문들만을 율법적으로 고집하는 근본주의적 태도는 극복되어야 합니다.

이런 근본주의적 경향을 가진 사람들은 심지어 완

성된 계시인 신약을 저버리고 예비 계시였던 구약의 율법으로 돌아가서 성전 예배 의식에서 여성을 완전히 차별하는 규정들을 들이대며 오늘의 교회에서 여성들의 역할을 억제하려 하기도 합니다. 그들 가운데 상당수는 칼빈주의자로 자처하는데, 남자의 권위를 세우고 여성을 굴종시키는 일을 위해서라면 구약의 의식법에 호소하는 일도 마다하지 않음으로써, 구약의 의식법은 그리스도인들에게 더 이상 구속력이 없다는 칼빈의 가르침도 무시해 버리는 것입니다. 만인사제론을 편 종교개혁자들의 후예들이 남편/아버지만의 제사장론을 펼치듯이 말입니다.

여기에 한국 '보수주의자들'의 씁쓸한 역설이 있습니다. 성경의 진리와 권위를 보수한다는 사람들이 실제로는 성경의 권위를 훼손하고 그 진리를 왜곡하며, 개신교 신학, 그중에서도 개혁신학을 보수한다는 사람들이 율법주의자들이 되고 중세의 사제주의를 부활시키고 있는 것입니다.

요즘 미국의 한인 교회 가운데는 그리스도 구속의 복음을 근본적으로 망각한 채 구약성경에 호소해서 여성의 굴종을 주장하거나, 심지어 유대교식(개혁 유대교식이 아니라, 오늘날 대다수 유대인들도 외면하는 보수 율법주의적 유대교식) 가정교육을 해야 한다고 주장하는 사람들이 있는데, 신학적인 무지에서 나오는 이런 주장은 심히 우려되는 바입니다. 그런 자들은 바울이 생사를 걸고 저항한 갈라디아교회의 유대주의자들과 얼마나 흡사합니까? 그리스도 안에 있는 구속과 새 창조의 질서를 저버리고 유대교식으로, 또 구약으로 돌아가야 한다는 것은 말도 안 되는 일입니다.

여성을 굴종시키려는 것은 그리스도 안에서 주어진 복음의 놀라운 자유를 파기하는 행위입니다(참조: 갈 5:1). 이런 거짓 보수주의의 왜곡을 바로잡기 위해서는 한국 교회들과 신학교들 안에 성경을 올바르게 해석하고 성경의 진리를 올바르게 천명할 진정한 보수운동이 일어나야 합니다. 지금 과연 그 운동이 일어나고 있습니까? 한국 교회가 신학적으로 성숙해야 할 절실한 이유가 여기에 있습니다.

여성을 굴종시키려는 것은
그리스도 안에서 주어진 복음의 놀라운 자유를
파기하는 행위입니다.

여성들을 굴종시켜
얻는 것이 무엇인가?

여성을 굴종시킴으로써 하나님 나라나 가정에 무슨 유익을 얻습니까? 하나님께서는 여성들에게도 많은 은사들을 주셨고, 신약시대 이래 기독교 역사에서 여성 사역자들의 역할은 막대한 것이었습니다.

또 19세기 이후 근대 선교 역사에서 여성들이 얼마나 큰 역할을 했는지 생각해 보십시오. 만일 "여자들은 교회에서 잠잠하라"는 구절을 문자적으로 엄격히 적용하여 여성들로 하여금 사역하지 못하게 했다면 근대 선교 역사는 어떻게 되었겠습니까?

거꾸로도 생각해 봅시다. 교회가 여성들을 차별하거나 얽매지 않고 그들의 소명을 중시하며 그들로 하여금 주께로부터 받은 은사들을 자유롭게 활용하게 했다면, 그들의 교회와 세계 선교에 대한 공헌은 얼마나 더 컸겠습니까?

여성을 일방적으로 굴종시키는 것은 앞에서 본 바와 같이 주 예수 그리스도의 뜻을 거역하는 것이려니와, 그들에게도 주의 교회를 세워 가도록 주신 은사들을 무시하는 행위입니다. 그래서 많고 큰 성령의 은사들을 낭비하고 마는 일입니다.

본서에서는 신약성경의 남녀 동등성에 관한 가르침을 살펴보는 것에 집중하느라 여성이 리더십을 행사하는 예들에 대해서는 별로 살펴보지 못했습니다. 그러나 신약에서 막달라 마리아를 위시한 첫 복음 선포자들 외에 또 다른 여성 지도자들이 여럿 있었다는 사실은 잘 알려진 바입니다[루디아, 브리스길라, 다마리(행 17:34), 빌립의 딸들(행 21:9), 집사 또는 행정가 뵈뵈(롬 16:1-2), 사도 유니아(롬 16:7), 유오디아, 순두게(빌 4:2) 등].

우리가 신약성경의 남녀 동등성에 관한 가르침과

여성 리더십 행사의 모범들을 적극적으로 음미해서, 오늘 우리의 교회 안에서 여성의 리더십 참여를 공식화해 허용하면 건전한 교회 공동체를 세워 올리는 일에 얼마나 큰 도움이 되겠습니까?

가정에서도 남편이 아내를 굴종시키려 함으로써 얼마나 많은 문제들을 야기하고 있습니까? 가정 내에서 가부장적 권위를 행사하며 자기 명령 아래 일사불란하게 움직이는 가정을 화평한 가정이라고 여기고, 순종 잘하는 아내로부터 대접받고 사는 남편은 스스로 행복하다고 생각할지 모릅니다. 그러나 그것은 단견입니다. 그런 남편은 자기 아내와 그런 관계를 이룸으로써 사실상 아내를 사랑(자기를 내어 줌)하는 것이 아니라 착취하는 죄를 짓고 있는 것입니다. 그런 사람은 더 근본적으로 남자와 여자를 공히 자신의 형상, 곧 대리자로 만드신 하나님의 창조의 뜻에 어긋나고, 또 남자와 함께 여자도 하나의 정당한 인격체로 대우하도록 가르치신 주 예수 그리스도와 사도 바울의 가르침에도 어긋난 것입니다.

그러면서 사실상 자신의 아내를 정당한 인격체의

배우자로 대하는 것이 아니라 하등한 종으로 다루는 것입니다. 그러니 정당한 인격체의 배우자와 사는 것이 아니라 하등한 종과 함께 사는 것입니다. 온전한 인격체와 서로 사랑하는 관계를 맺고 있는 것이 아니라, 열등한 존재와 부림과 섬김의 관계를 맺고 있는 부부 관계가 과연 행복한 관계일까요? 그 사이에 태어난 자녀들이 올바른 인격체들로 성장할 수 있을까요? 그런 가정이 과연 화평한 가정일까요?

미국 LA에서 아내 구타로 감옥에 제일 많이 가는 사람들이 한국 남자들이라고 합니다. 미국에서 자라나는 한국의 딸들 중 다수가 자신들의 부모 관계에 실망하여 한국 남자와는 결혼하지 않겠다고 한답니다. 한국의 전통적, 유교적, 가부장적 가정 문화에 심각한 결함이 있음을 짐작할 수 있습니다. 이런 상황에서 교회가 아내의 일방적인 복종만을 강조한다면 교회가 가정을 돕기는커녕 더욱 어렵게 만드는 것이 될 뿐입니다.

한국 교회여,
여성 리더십을 회복하자!

복음을 올바로 선포할 때, 교회는 항상 하나님 나라 구원의 현실화로 노예해방과 여성해방을 가져왔고, 약자를 보호하였으며, 만민의 인권을 증진시켰습니다. 한국에서도 반상 철폐, 여성해방, 인권 증진, 민주화 등에 그리스도의 복음의 힘이 크게 작용했다고 봅니다.

그런데 지금 우리 교회는 이 영광스러운 역사만 자랑할 수 있는 처지가 못 됩니다. 우리 교회가 복음을 왜곡하고 성경을 잘못 해석함으로써 압제 세력에 사제 노릇한 경우도 많았기 때문입니다. 그렇지 않습니까?

미국에서도 교회가 만인의 인권 증진과 민주주의

의 진전에 크게 공헌하였지만, 반면에 인종차별을 정당화하는 등의 죄도 많이 저질렀습니다. 미국의 남북전쟁 당시 남부 지역의 교회는 "함의 자손들은 그 형제를 섬기기 원한다"는 구약성경에 호소하며 노예제도를 신학적으로 옹호했고, 네덜란드의 칼빈주의자들은 남아프리카에서 불과 20여 년 전까지도 그런 짓을 했습니다.

왜 그들은 신약을 저버리고 구약으로 갔습니까? 왜 갈라디아서 3장 28절이 천명하는 그리스도의 새 창조의 질서를 저버리고 구약의 구절들로 간 것입니까? 자신들의 기득권을 옹호하기 위해 그릇된 해석학으로 성

131

경을 해석하여 결국 성경을 악용한 것이 아닙니까?

이렇게 교회가 성경을 잘못 해석하고 복음을 왜곡하여 선포할 때, 교회는 해방(구원)을 가져오는 것이 아니라 도리어 억압을 가져옵니다.

그래서 교회사는 양면적인 것입니다. 그리스도의 구원의 실재화로 해방을 가져온 면도 있지만, 동시에 그 복음을 인간의 죄악성으로 왜곡시켜 압제를 가져온 면도 있습니다. 우리 한국에서도 유교의 족쇄를 풀고 여성의 해방을 가져온 교회가 이제는 남성의 가부장적 리더십과 여성의 순종을 강조함으로써 사실상 유교 윤리의 마지막 보루가 되어 버렸습니다.

초등학교에서부터 대학원에 이르기까지 각급 학교들에서 활약하는 여자 선생들이며, 여자 국회의원들이며, 여자 장관들이며, 여자 판검사들이며, 신문사들의 여자 논설위원들이며, 기업체들의 여자 사장들이며, 지금 우리 사회 곳곳에서 여성 리더십이 약진하고 있습니다. 사회의 다방면에서 여성 리더십이 호응을 얻고 있습니다.

그런데 유독 교회 안에서만 여성 리더십이 거부되고 있습니다. 여성해방의 복음을 가지고 있는 교회 안에서만, 한때 이 땅에서 여성해방을 주도한 교회 안에서만, 여자들은 잠잠하라는 억눌림을 받고 있는 것입니다. 이것이 얼마나 씁쓸한 역설입니까?

지금 우리는 문명사적으로 중요한 시점에 놓여 있습니다. 오늘 우리 교회는 여성을 굴종시키는 이슬람교와 약자들을 노예화하는 힌두교의 엄청난 도전을 받고 있습니다. 우리는 그리스도의 구원의 복음을 올바로 선포하여 그리스도 안에서 인종적 차별, 신분적 차별, 그리고 성적 차별을 철폐하고 만민에게 자유와 정의와 평화를 확대해야 하는 구원사적 소명을 받고 있습니다.

주 예수 그리스도의 정신을 잘 표현한 갈라디아서 3장 28절에 따라 복음의 사회적 실현을 가져오는 것은 가정을 살리기 위해서도, 교회를 살리기 위해서도 중요하지만, 무엇보다 위협받고 있는 기독교 문명을 살리기 위해서 매우 중요합니다.